1 漢字の読み 1

出る順 ランク A

合格 13／18

得点

◆次の――線の読みをひらがなで書きなさい。

1 生産と消費の平衡が保たれている。
2 会社の中核となって働く。
3 親族一同がそろって壮観だ。
4 食材を吟味してそろえる。
5 銀行に大口の融資を申し込む。
6 伝染病の防疫対策を練る。
7 一家の安泰を願っている。
8 講和条約が批准された。
9 船が岩礁に乗り上げてしまった。
10 ヘリコプターが上空を旋回する。
11 古代文明の発祥の地を訪ねる。
12 行方不明の隊員を捜索する。
13 雨で土が軟らかくなっている。
14 話がまとまり契約を交わした。
15 逆転ホームランに場内が沸いた。
16 猿山のボスが交代する。
17 もう後戻りできる段階ではない。
18 正々堂々と闘うことを誓う。

2 漢字の読み 2

出る順 ランクA

合格 13/18

得点

◆次の——線の読みをひらがなで書きなさい。

□ 1 大企業の合併がうわさされる。
□ 2 開会式で国歌を斉唱する。
□ 3 官僚の天下りが問題視される。
□ 4 友の忠告が脳裏をよぎった。
□ 5 女王に謁見することを許される。
□ 6 噴火で火口が陥没した。
□ 7 自転車はしばらく惰力で走り続けた。
□ 8 酪農を営む青年たちと交流する。
□ 9 店の前は長蛇の列ができた。
□ 10 今朝は道路が渋滞していた。
□ 11 街頭で試供品を頒布する。
□ 12 他人が干渉すべき問題ではない。
□ 13 会議に必要な資料を調える。
□ 14 欲のからんだ生臭い事件だ。
□ 15 庭一面に霜がおりている。
□ 16 まず予算の大枠を決めておく。
□ 17 デパートで花柄の傘を買った。
□ 18 一枚の肖像画をじっと眺める。

3 漢字の読み 3

出る順 ランクA

合格 13／18

得点

◆次の――線の読みをひらがなで書きなさい。

□ 1 宴会の**主賓**に祝辞をいただく。
□ 2 大国の**租借**地だったところだ。
□ 3 かねてから**懇意**の間柄だ。
□ 4 郷土を代表する**銘菓**だ。
□ 5 敗色が次第に**濃厚**になった。
□ 6 肺炎で内科**病棟**に入院した。
□ 7 不要な書類を**焼却**処分にする。
□ 8 当分の間、**別邸**で静養する。
□ 9 空港で**搭乗**手続きを済ませた。
□ 10 全員が協力して事態を**収拾**した。
□ 11 加熱された液体が**沸点**に達した。
□ 12 かつて**堕落**した生活を送っていた。
□ 13 いただいた桃が**傷**んでしまった。
□ 14 中腹の**山肌**があらわになっている。
□ 15 立場を利用してうまい**汁**を吸っていた。
□ 16 **津波**の被災地に物資を送る。
□ 17 現実を厳しく**見据**える。
□ 18 しかるより**褒**めることを重んじる。

4 漢字の読み 4

出る順 ランクA

合格 13／18

得点

◆次の――線の読みをひらがなで書きなさい。

□1 大聖堂の**崇高**さに心を打たれた。
□2 愚にも付かぬ**駄弁**に閉口した。
□3 宇宙船が無事、地球に**帰還**した。
□4 ずしりと重い**鉄瓶**だ。
□5 美しい**昆虫**に心を奪われた。
□6 家の周りをブロックの**塀**で囲む。
□7 積もり積もった雑事を**迅速**に処理する。
□8 就職と同時に**入寮**の手続きをした。
□9 現代人の**倫理**観を論じた本だ。
□10 ハマダラ蚊はマラリアを**媒介**する。
□11 やせた**土壌**を改良する。
□12 髪を**茶褐色**に染める。
□13 入浴後、縁側に出て**涼**んだ。
□14 銃の**筒先**から硝煙が上がる。
□15 厳格な師匠のもとで芸を**磨**く。
□16 著書は美しい**扉絵**で飾られている。
□17 賞賛に**値**する行動だ。
□18 川岸の**柳**が揺れている。

5

漢字の読み 5

出る順 ランクA

合格 13/18

得点

◆次の——線の読みをひらがなで書きなさい。

□ 1 両国関係の改善に貢献した。
□ 2 債務を履行するよう求める。
□ 3 自由奔放に生きた人だ。
□ 4 学園祭で模擬店を出すことになった。
□ 5 提出された案は妥当なものだった。
□ 6 初めて書いた小説は酷評を受けた。
□ 7 行く末に一抹の不安を覚える。
□ 8 仲間から疎外されていると感じる。
□ 9 不肖、私がその役を務めます。
□ 10 硫酸はほとんどの金属を溶かす。
□ 11 先月までの経費を累計する。
□ 12 無窮の宇宙に思いをはせる。
□ 13 岬の灯台に明かりがともる。
□ 14 恥を忍んで告白する。
□ 15 カーテンで太陽の光を遮る。
□ 16 引き分けをねらって時間を稼ぐ。
□ 17 包丁の刃先が欠けた。
□ 18 両者の溝は深まるばかりだ。

6 漢字の読み 6

出る順 ランクA

合格 13／18

得点

◆次の——線の読みをひらがなで書きなさい。

□ 1 綿と麻の混紡のシャツを着る。

□ 2 問題になった記事を丁寧に読み返す。

□ 3 伝統工芸の孤塁を守っている。

□ 4 学力を偏重する傾向がある。

□ 5 何事も肯定的にとらえる人だ。

□ 6 容器は必要量だけ補充する。

□ 7 自薦の候補者が現れた。

□ 8 水中から盛んに気泡が出ている。

□ 9 沼には竜神がすむと言われている。

□ 10 核兵器の廃絶に向けて話し合う。

□ 11 声を潜めて内緒の話をする。

□ 12 国民の公僕としての自覚を持つ。

□ 13 襟を正して話を聞く。

□ 14 小さな升目の原稿用紙を選ぶ。

□ 15 ご芳志を賜り、厚く感謝いたします。

□ 16 のどかな浦の景色を写生する。

□ 17 出欠の返事を渋っている。

□ 18 祖母は浅漬けが大好物だ。

7 漢字の読み 7

出る順 ランクA

合格 13/18

得点

◆次の——線の読みをひらがなで書きなさい。

□ 1 会社の資産は**漸増**している。
□ 2 対立する**派閥**がしのぎを削っている。
□ 3 **富裕**な階層が対象の商品だ。
□ 4 粗野な言動を慎むように**説諭**された。
□ 5 人は基本的人権を**享有**する。
□ 6 当初の目的から**逸脱**している。
□ 7 深い**憂愁**に閉ざされている。
□ 8 **偵察**して情報を収集する。
□ 9 様々な職業を**遍歴**してきた。
□ 10 **細菌**に感染しないよう防止策を練る。
□ 11 当地の特産品として**推奨**いたします。
□ 12 法王への**拝謁**が許可された。
□ 13 話の途中で口を**挟**む。
□ 14 **謹**んで弔意を表します。
□ 15 川の**藻**が異常にふえてきた。
□ 16 **偽**りのない気持ちを知りたい。
□ 17 氷を**砕**いてグラスに入れる。
□ 18 摘んだ野の花を帽子に**挿**した。

8 漢字の書き 1

出る順 ランクA

合格 11／15

得点

◆次の——線のカタカナを漢字に直しなさい。

1 観衆はネッキョウして総立ちになった。
2 二人の間にエンリョはいらない。
3 美しいコウタクのある真珠だ。
4 疑惑に対してシャクメイした。
5 初対面の相手とメイシを交換する。
6 車のハンバイ業務に従事する。
7 医者に勧められて転地リョウヨウする。
8 長引くフキョウで会社が打撃を受けた。
9 警察犬が犯人をツイセキする。
10 坂のケイシャが緩やかになった。
11 鉄道のリョカク運賃が改定される。
12 トウメイの容器で食品を保存する。
13 インフルエンザがモウイを振るう。
14 ヤクドウする肢体が健康的で美しい。
15 表彰状のジュヨ式が行われた。

9 漢字の書き 2

出る順 ランクA

合格 11／15

得点

◆次の――線のカタカナを漢字に直しなさい。

□ 1 先輩に敬意をハラっている。
□ 2 終生の師とアオぐ人と出会った。
□ 3 話を聞いて母は顔をクモらせた。
□ 4 親類をタヨって疎開した。
□ 5 指に刺さったとげをヌく。
□ 6 モノゴシの穏やかな品のよい人だ。
□ 7 日一日と寒さがヤワらいでくる。
□ 8 背中にニブい痛みを感じる。
□ 9 りっぱなヤシキが立ち並んでいる。
□ 10 助けを求めて声を限りにサケぶ。
□ 11 飲酒は判断力に影響をオヨぼす。
□ 12 目のツカれを感じて目薬をさした。
□ 13 大雨で床上までミズビタしになった。
□ 14 猫は雨にぬれてフルえていた。
□ 15 会社顧問のカタガきが付いている。

1	2	3	4	5	6	7	8	9	10	11	12	13	14	15

10 漢字の書き 3

出る順 ランク A

合格 11／15

得点

◆次の——線のカタカナを漢字に直しなさい。

1 火事で家財をショウシツした。
2 難関をトッパして合格した。
3 ようやくレットウ感を克服した。
4 一層のヒヤクを期待する。
5 ガソリンタンクをマンパイにする。
6 三年間無欠席でカイキン賞をもらった。
7 モウハツを茶色に染めている。
8 海外エンセイ隊のメンバーに選ばれた。
9 海外へ視察団をハケンする。
10 ソクザに返答するのは難しい。
11 工場廃水で河川がオダクする。
12 原野をカイタクして耕作地にした。
13 空港の管制トウと連絡した。
14 ニュウワな笑顔を絶やさない。
15 害虫をヤクザイで駆除する。

11 漢字の書き 4

出る順 ランク A

合格 11／15

得点

◆次の――線のカタカナを漢字に直しなさい。

□ 1 無謀運転をイマシめる。

□ 2 辺りはヒトカゲが絶えて閑散としている。

□ 3 コみ入った話を聞かされる。

□ 4 排ガスなどの影響で並木がカれ始めた。

□ 5 農家のノキシタで雨宿りする。

□ 6 入院した友人をミマう。

□ 7 母はダマって縫い物をしていた。

□ 8 弱音をハかずに最後まで頑張る。

□ 9 手をヨゴさずにインクを補充した。

□ 10 季節はメグり、また春が来た。

□ 11 谷川の水はスんでいた。

□ 12 おいしいニモノをいただく。

□ 13 店頭に来年のコヨミが並んでいる。

□ 14 お客様にお茶をススめる。

□ 15 道ばたの草がヨツユにぬれている。

12 漢字の書き 5

出る順 ランクA

合格 11/15

得点

◆次の――線のカタカナを漢字に直しなさい。

□ 1 日焼け対策にボウシが欠かせない。

□ 2 子どもはコウキシンが強い。

□ 3 全身にトウシがみなぎっている。

□ 4 シンライできる筋からの情報だ。

□ 5 空港はソウゲイの人で混雑している。

□ 6 飛行機はノウムのため着陸できない。

□ 7 イホウ駐車で罰金が科せられた。

□ 8 甚だしいエッケン行為だ。

□ 9 目は人の心をユウベンに物語る。

□ 10 敵の大軍をゲキタイする。

□ 11 リンジンとあいさつを交わす。

□ 12 事態にダンリョク的に対応する。

□ 13 ヒバクした地区の惨状を描いた絵だ。

□ 14 犯罪の物的ショウコが挙がる。

□ 15 ワンリョクでは負けないと豪語する。

13 漢字の書き 6

出る順 ランクA

合格 11／15

得点

◆次の――線のカタカナを漢字に直しなさい。

□ 1 どうぞメし上がってください。

□ 2 友の早すぎる死をナゲいた。

□ 3 停戦後の復興はアシブみ状態だ。

□ 4 落ち葉の散りシいた庭も趣がある。

□ 5 コップのフチが欠けている。

□ 6 段ボール箱に製品をツめる。

□ 7 畑の土を掘り返してウネを作る。

□ 8 洗剤をアワ立てて洗う。

□ 9 カセぐに追いつく貧乏なし。

□ 10 彼の態度にイヤケがさした。

□ 11 交番で駅までの道をタズねる。

□ 12 大いに知性をミガいてください。

□ 13 本当に彼らはコりない面々だ。

□ 14 遅くならないうちにモドりなさい。

□ 15 会場は興奮のウズとなった。

14 漢字の書き 7

出る順 ランクA

合格 11／15

得点

◆次の――線のカタカナを漢字に直しなさい。

□ 1 図書館に本をヘンキャクする。

□ 2 検事のジンモンに答える。

□ 3 サークルの年会費をチョウシュウする。

□ 4 両雄がハケンを争う。

□ 5 選手のネンポウが倍になった。

□ 6 新しい国王にエッケンする。

□ 7 偏らずチュウヨウを行くべきだ。

□ 8 火事で消防士がジュンシした。

□ 9 河口にオデイがたまっている。

□ 10 参加者がソウゴに意見を述べ合った。

□ 11 昆虫をバイカイに果実が実る。

□ 12 食品の偽装にフンガイする。

□ 13 形勢はイゼンとして不利だ。

□ 14 地球は太陽系のワクセイである。

□ 15 ヨウトの広い道具だ。

15 部首 1

出る順 ランクA

合格 14／20

得点

◆次の漢字の部首を記しなさい。

〈例〉菜〔艹〕 間〔門〕

1 暫
2 褒
3 款
4 殉
5 亜
6 刃
7 亭
8 畝
9 瓶
10 真

11 泰
12 釈
13 虞
14 衝
15 鬼
16 殻
17 嗣
18 更
19 弔
20 韻

16 部首 2

出る順 ランクA

合格 14／20

得点

◆次の漢字の部首を記しなさい。

〈例〉菜〔艹〕　間〔門〕

1 凹
2 且
3 寧
4 摩
5 爵
6 翻
7 竜
8 赴
9 煩
10 占

11 尉
12 恭
13 痢
14 晶
15 卵
16 栽
17 囚
18 徹
19 妄
20 辱

17 同音・同訓異字 1

出る順 ランクA

合格 12/16

得点

◆次の――線のカタカナを漢字に直しなさい。

1 ケイ続は力なりと言われる。
2 入試の出題ケイ向を調べる。
3 激務でヒ労がたまっている。
4 ヒ害者の身元を調べる。
5 近キョウをお知らせください。
6 吉と出るかキョウと出るか。
7 世界でも有名なボウ険家だ。
8 ボウ子を取ってあいさつする。
9 食べ物の栄養ソを調べる。
10 判決を不服として控ソする。
11 記事のショウ報が載っている。
12 この地域には湖ショウが多い。
13 数学の難しい問題をトく。
14 台所で包丁をトぐ。
15 紙面をサいて特集記事を載せる。
16 日ざしをサけて木陰に入る。

18 同音・同訓異字 2

出る順 ランクA

合格 12/16

得点

◆次の――線のカタカナを漢字に直しなさい。

1 無罪をショウ明する必要がある。
2 左右が対ショウの図形だ。
3 ラジオ体ソウを毎日続ける。
4 天地ソウ造の神々の物語。
5 彼のマン画はたいへん面白い。
6 この子が自マンの息子かい。
7 防波テイに波が打ち寄せる。
8 幸いにも傷のテイ度は軽い。
9 市が主サイしている展覧会だ。
10 支払い能力のないサイ務者。
11 祖母は日本舞ヨウを教えている。
12 私はヨウ痛に悩まされている。
13 彼がホしがっていた洋服だ。
14 きれいな模様がホられた額縁。
15 転んでひざをスりむいた。
16 スんだ声で合唱する。

19

同音・同訓異字 3

出る順 ランクA

合格 12／16

得点

◆次の――線のカタカナを漢字に直しなさい。

1 何回も試行サク誤を繰り返す。

2 先生に宿題を添サクしてもらう。

3 彼はチームでは代タイ要員だ。

4 郊外の賃タイ住宅に住んでいる。

5 新学期に部員の勧ユウをする。

6 念願のユウ勝を果たす。

7 ローマ皇テイが支配した時代。

8 隣国と条約をテイ結する。

9 最近は比カク的暖かい。

10 内カク不信任案が可決された。

11 湖ハンのホテルに宿泊する。

12 コーチが模ハン演技をする。

13 ここをタえれば展望が開ける。

14 飛行機の消息がタえる。

15 若いころから管理職にツく。

16 ようやく目的地にツいた。

20 同音・同訓異字 4

出る順 ランクA

合格 12/16

得点

◆次の――線のカタカナを漢字に直しなさい。

1 買い物のセイ求書が届く。
2 セイ一杯努力しよう。
3 トウ明な器に料理を盛る。
4 試験をしてトウ達度を見る。
5 無駄なテイ抗はよせ。
6 テイ正箇所を確認する。
7 悔コンの情を抱く。
8 友人の結コン式に出席する。
9 加算税をチョウ収する。
10 早朝の清チョウな空気を吸う。
11 祖父は生スイの江戸っ子だ。
12 傍線をスイ直に引く。
13 果物がイタんでしまった。
14 ずきずきと虫歯がイタむ。
15 ミステリーを読むのがスきだ。
16 これで今日の用事はスんだ。

21

熟語の構成 1

出る順 ランクA

合格 14／20

得点

熟語の構成のしかたには、次のようなものがある。

ア	同じような意味の漢字を重ねたもの	（岩石）
イ	反対または対応の意味を表す字を重ねたもの	（高低）
ウ	上の字が下の字を修飾しているもの	（洋画）
エ	下の字が上の字の目的語・補語になっているもの	（着席）
オ	上の字が下の字の意味を打ち消しているもの	（非常）

◆次の熟語は右のア～オのどれにあたるか記号で答えなさい。

□ 1 親疎

□ 2 嫌煙

□ 3 独酌

□ 4 枢要

□ 5 不審

□ 6 早晩

□ 7 造幣

□ 8 珠玉

□ 9 罷業

□ 10 環礁

□ 11 興廃

□ 12 喪失

□ 13 奔流

□ 14 不滅

□ 15 墨汁

□ 16 安泰

□ 17 参禅

□ 18 勅使

□ 19 硬軟

□ 20 克己

22 熟語の構成 2

出る順 ランクA

合格 14/20

得点

熟語の構成のしかたには、次のようなものがある。

ア 同じような意味の漢字を重ねたもの（岩石）
イ 反対または対応の意味を表す字を重ねたもの（高低）
ウ 上の字が下の字を修飾しているもの（洋画）
エ 下の字が上の字の目的語・補語になっているもの（着席）
オ 上の字が下の字の意味を打ち消しているもの（非常）

◆次の熟語は右のア〜オのどれにあたるか記号で答えなさい。

□ 1 懲悪
□ 2 往還
□ 3 浄財
□ 4 享受
□ 5 検疫
□ 6 旧知
□ 7 旋回
□ 8 不遇
□ 9 酷似
□ 10 抑揚
□ 11 頻発
□ 12 遷都
□ 13 雅俗
□ 14 公邸
□ 15 扶助
□ 16 屈伸
□ 17 徹夜
□ 18 勧奨
□ 19 叙景
□ 20 不肖

23 対義語・類義語 1

出る順 ランクA

合格 14／20

得点

◆後の□の中の語を必ず一度使って漢字に直し、対義語・類義語を記しなさい。

対義語

1 浄化
2 凝固
3 左遷
4 拘禁
5 解雇
6 醜悪
7 服従
8 偏屈
9 購入
10 漠然

類義語

11 干渉
12 懲戒
13 貢献
14 猶予
15 熟睡
16 変遷
17 手本
18 忍耐
19 看護
20 庶民

・あんみん
・かいにゅう
・さいよう
・すなお
・びれい
・えいてん
・かいほう
・しゃくほう
・たいしゅう
・もはん
・えんき
・がまん
・しょばつ
・ていこう
・ゆうかい
・おせん
・きよ
・すいい
・ばいきゃく
・れきぜん

24 対義語・類義語 2

出る順 ランクA

合格 14／20

得点

◆後の□の中の語を必ず一度使って漢字に直し、対義語・類義語を記しなさい。

対義語

1	召還	
2	隆起	
3	新鋭	
4	喪失	
5	受理	
6	擁護	
7	逃走	
8	恒例	
9	裕福	
10	削除	

類義語

11	奔走	
12	均衡	
13	同等	
14	基地	
15	紛糾	
16	将来	
17	了解	
18	憤慨	
19	勲功	
20	厄介	

・かくとく ・きゃっか ・きょてん ・げきど
・こごう ・こんらん ・しんがい ・じんりょく
・ぜんと ・ちょうわ ・ちんこう ・ついせき
・てがら ・てんか ・なっとく ・はけん
・ひってき ・ひんこん ・めんどう ・りんじ

25 四字熟語 1

出る順 ランクA

合格 11／15

得点

◆次の四字熟語について、問1と問2に答えなさい。

問1 後の□内のひらがなを漢字にして1～10に入れ、四字熟語を完成させなさい。□内のひらがなは一度だけ使うこと。

□ア 千 1 一 遇
□イ 悪 戦 苦 2
□ウ 主 3 転 倒
□エ 4 想 天 外
□オ 新 進 気 5
□カ 6 風 堂 堂
□キ 五 里 7 中
□ク 前 8 洋 洋
□ケ 清 廉 9 白
□コ 意 気 消 10

1	2	3	4	5	6	7	8	9	10

い・えい・かく・き
けっ・ざい・ちん・と
とう・む

問2 次の11～15の意味にあてはまるものを問1のア～コの四字熟語から一つ選び、記号で答えなさい。

□11 行く手が広々と広がるさま。
□12 困難を乗り越えようと非常に努力をすること。
□13 普通の人が思いもつかない考え。
□14 物事の順序や立場などが逆になること。
□15 判断がつかず、方針が立たないこと。

26 四字熟語 2

出る順 ランクA

合格 11／15

得点

◆次の四字熟語について、問1と問2に答えなさい。

問1 後の［　］内のひらがなを漢字にして［1］～［10］に入れ、四字熟語を完成させなさい。［　］内のひらがなは一度だけ使うこと。

□ア 初［1］貫徹
□イ 美辞［2］句
□ウ 疑心暗［3］
□エ 晴［4］雨読
□オ 青息［5］息
□カ 一［6］打尽
□キ ［7］悪非道
□ク 縦横無［8］
□ケ 一［9］両得
□コ 一言［10］句

1	2	3	4	5	6	7	8	9	10

き・きょ・こう・ごく
し・じん・と・はん
もう・れい

問2 次の11～15の意味にあてはまるものを問1のア～コの四字熟語から一つ選び、記号で答えなさい。

□11 一味の者を一度に捕らえること。（　）
□12 物事を思う存分にするさま。（　）
□13 うわべは飾っているが、内容や誠意のない言葉。（　）
□14 自由気ままに生活すること。（　）
□15 ほんの少しの言葉。（　）

27 四字熟語 3

出る順 ランクA

合格 11/15

得点

◆次の四字熟語について、問1と問2に答えなさい。

問1 後の□内のひらがなを漢字にして1〜10に入れ、四字熟語を完成させなさい。□内のひらがなは一度だけ使うこと。

□ ア 玉石1交

□ イ 破顔一2

□ ウ 喜3哀楽

□ エ 4思黙考

□ オ 前5多難

□ カ 旧態6然

□ キ 7機応変

□ ク 危機一8

□ ケ 9苦勉励

□ コ 物情10然

1	2	3	4	5	6	7	8	9	10

い・こっ・こん・しょう
そう・ちん・と・ど
ぱつ・りん

問2 次の11〜15の意味にあてはまるものを問1のア〜コの四字熟語から一つ選び、記号で答えなさい。

□ 11 静かにじっくりと深く物事を考えること。

□ 12 昔のままで少しも進歩や発展がないさま。

□ 13 世間の様子が乱れて不穏なさま。

□ 14 行く手に困ったことが多いこと。

□ 15 その時々に応じて適切な手段を取ること。

28 四字熟語 4

出る順 ランクA

合格 11／15

得点

◆次の四字熟語について、問1と問2に答えなさい。

問1 後の［　］内のひらがなを漢字にして1～10に入れ、四字熟語を完成させなさい。［　］内のひらがなは一度だけ使うこと。

□ ア 冠［1］葬祭
□ イ 用意周［2］
□ ウ 要害［3］固
□ エ ［4］忍自重
□ オ 表［5］一体
□ カ 勢力伯［6］
□ キ ［7］利多売
□ ク 不可［8］力
□ ケ 安寧秩［9］
□ コ 首［10］一貫

1	2	3	4	5	6	7	8	9	10

いん・けん・こう・こん
じょ・ちゅう・とう
はく・び・り

問2 次の11～15の意味にあてはまるものを問1のア～コの四字熟語から一つ選び、記号で答えなさい。

□ 11 世の中が穏やかに治まり、平和であること。［　］

□ 12 関係が密接で切り離せないこと。［　］

□ 13 十分に行き届いていてぬかりがないこと。［　］

□ 14 終始、方針や態度が変わらないこと。［　］

□ 15 我慢して軽々しくしないこと。［　］

29 誤字訂正 1

出る順 ランクA

合格 7／10　得点

◆次の各文には、まちがって使われている同じ読みの漢字が一字あります。上に誤字を、下に正しい漢字を記しなさい。

□ 1 議場は職員の不祥事を糾弾する場と化して、収集がつかなくなった。

□ 2 将来建設予定の月面基地を拠点として、有人の火星探鎖を行う構想がある。

□ 3 氷上の女子選手は華麗な演技を披露して会場から万雷の博手を浴びた。

□ 4 携帯電話で警察に通報した人の位置を俊時に把握する技術が開発された。

□ 5 練習を重ね、満を持して全国大会に望んだが、一回戦で苦杯を喫した。

□ 6 農業白書は、健康依持のため伝統的な日本食に回帰することを提唱した。

□ 7 日本の紙幣には、偽造防止のため最先端の印刷技術が区使されている。

□ 8 かつては東西貿易の要衝として繁永し、今なお異国情緒が漂う港町だ。

□ 9 純粋なはちみつと称して人工観味料を混入した商品が販売されていた。

□ 10 肉眼ではとらえられない細菌の生態が顕備鏡の発明で観察可能となった。

	誤	正
1		
2		
3		
4		
5		
6		
7		
8		
9		
10		

30 誤字訂正 2

出る順 ランクA

合格 7／10

得点

◆次の各文には、まちがって使われている同じ読みの漢字が一字あります。上に誤字を、下に正しい漢字を記しなさい。

□1 地震や洪水に備え、高齢者や障害者を非難場所に誘導する訓練を行った。

□2 海底を屈削して巨大な地震の発生の仕組みを研究する計画が進んでいる。

□3 自転車は健康的且つ経済的な移動手段だが、乗り方次第で脅器ともなる。

□4 社会を風使し人情の機微に触れる川柳は現在も広範な愛好者を有する。

□5 夏には帽子や傘で直射日光を遮るなど視外線から皮膚を守る工夫をする。

□6 太陽光が透達しない深層域の海水は塩分濃度が低く栄養分が豊富にある。

□7 優勝が決まり競技場の応援団は歓喜のあまり総立ちになって絶狂した。

□8 側溝の鉄のふたや青銅の半鐘など、金属製品の窃逃事件が相次いでいる。

□9 都市の気温上昇の抑制と大気の浄化に配旅して、屋上緑化を推進する。

□10 明治期に建造された老休化の顕著な公民館を解体し修復する計画がある。

	誤	正
1		
2		
3		
4		
5		
6		
7		
8		
9		
10		

31 誤字訂正 3

出る順 ランクA

合格 7／10

得点

◆次の各文には、まちがって使われている同じ読みの漢字が一字あります。上に誤字を、下に正しい漢字を記しなさい。

□ 1 長年、地域の防疫と住民の健康増進に寄預した老医師が表彰された。

□ 2 トラブルが起きた際の証固資料となる契約書や領収書を大切に保管する。

□ 3 近年にない盲暑で最高気温の記録が更新され、熱中症患者が続出した。

□ 4 社長の奇抜な発想と熟練工の高度な技術により業績不進を脱した。

□ 5 電気自動車開発における最大の課題は搭採する電池の性能の向上にある。

□ 6 乳酸菌の中には体の免疫力や抵攻力を高める働きを持つものがある。

□ 7 日本海沿岸や離島周辺に漂流する大量のゴミが慎刻な問題になっている。

□ 8 団塊世代の大半の人は還歴後の仕事に意欲を示すという調査結果が出た。

□ 9 飲酒運転に対する伐則強化と救命技術の向上で交通事故の死者が減少した。

□ 10 経営再建策の一貫として、賃金カットや解雇によって人件費を削減した。

	誤	正
1		
2		
3		
4		
5		
6		
7		
8		
9		
10		

32 誤字訂正 4

出る順 ランクA

合格 7／10

得点

◆次の各文には、まちがって使われている同じ読みの漢字が一字あります。上に誤字を、下に正しい漢字を記しなさい。

	誤	正
□1 国際試合での、日本選手の目覚ましい活役にファンの熱狂は最高潮に達した。		
□2 通勤客で満員のバスが、道路の舗層工事で生じた渋滞に巻き込まれた。		
□3 選挙に無党派で出馬した候補者は大量の付動票を獲得し当選を果たした。		
□4 爆発事故に遭遇し、意識不明の重体となった同僚が奇跡的に回服した。		
□5 長時間に及んだ都心の停電は、電気に委存する生活の危うさを露呈した。		
□6 絶滅が憂慮される海ガメを水族館で繁嘱させ、海浜で一斉に放流した。		
□7 産地直送の生薦野菜を豊富にそろえた店が開店し、評判を呼んでいる。		
□8 児童への虐対や家族間の殺傷事件など、悲惨な犯罪が頻発している。		
□9 コンサートの収益金は被災地の復興を支延する活動のために寄付される。		
□10 絶滅のおそれのある野生動物の保獲や輸出入は条約で禁止されている。		

33 漢字と送りがな 1

出る順 ランクA

合格 11／15

得点

◆次の――線のカタカナを漢字一字と送りがな(ひらがな)に直しなさい。

〈例〉門をアケル。　開ける

1 完工までに十年をツイヤシた。
2 外がサワガシクて眠れない。
3 心に強くウッタエル詩だ。
4 連覇を達成してホコラシク思う。
5 天のメグミとも思われる雨だ。
6 一人前にアツカワれるようになった。
7 袋の口をしっかりとユワエル。
8 水でウスメレば飲みやすい。
9 新人候補が現職にセマル勢いだ。
10 歳暮にメズラシイ品物を頂いた。
11 便りに押し花をソエル。
12 明日は海がアレルだろう。
13 食べ過ぎは健康に害をオヨボス。
14 長く外国にいると故郷がコイシクなる。
15 交通費を必要経費にフクメル。

34 漢字と送りがな 2

出る順 ランクA

合格 11/15

得点

◆次の――線のカタカナを漢字一字と送りがな（ひらがな）に直しなさい。

〈例〉 門をアケル。 開ける

1 コンピューターを巧みにアヤツル。
2 手に汗をニギル場面だ。
3 不正の横行をナゲカワシク思う。
4 峠をコエルと人家が見え始めた。
5 タノモシイ味方が現れた。
6 いずれオトラぬ傑作ぞろいだ。
7 店先を掃く人に道をタズネル。
8 過去の実績をフマエて判断する。
9 会はナゴヤカナ雰囲気だった。
10 夕空に一番星がカガヤイている。
11 宴会のご予約をウケタマワリます。
12 事故により多大な損害をコウムル。
13 最下位にアマンジル選手ではない。
14 イソガシクて猫の手も借りたい。
15 疲れた体をソファーにシズメル。

1	2	3	4	5	6	7	8	9	10	11	12	13	14	15

35 漢字の読み 8

出る順 ランクB

合格 13/18

得点

◆次の――線の読みをひらがなで書きなさい。

□ 1 漢字の使用**頻度**を調べる。

□ 2 騒動の**渦中**で困惑する。

□ 3 社会の**秩序**を守るための戦いだった。

□ 4 状況に応じて**適宜**対処する。

□ 5 不正の**露顕**を恐れて逃亡した。

□ 6 旅先で**純朴**な青年と出会った。

□ 7 基地に**艦艇**が集結した。

□ 8 応募作品は**凡庸**なものばかりだった。

□ 9 木陰に入って**涼**をとる。

□ 10 交渉の経過は**逐次**報告されている。

□ 11 農村の**疲弊**をこの目で確かめた。

□ 12 税金の納付を**督促**された。

□ 13 母親に似て**面長**な顔立ちだ。

□ 14 **蚊**に刺されやすい体質だ。

□ 15 社員寮の**賄**いを引き受ける。

□ 16 お**堀**へ移るカルガモを見に行く。

□ 17 **人垣**をかき分けて進んだ。

□ 18 不利を承知で戦いを**挑**んだ。

36 漢字の読み 9

出る順 ランクB

合格 13／18

得点

◆次の——線の読みをひらがなで書きなさい。

1 つい拙速に事を運んでしまった。
2 深緑の渓谷をさかのぼる。
3 会員の意見を包括する。
4 脳に生じた血栓が障害を引き起こす。
5 山頂からの眺望がすばらしい。
6 無礼な態度に憤然として席を立った。
7 叔母は呉服商を営んでいる。
8 新作のゲームソフトの人気が沸騰した。
9 村の老翁から戦時中の話を伺った。
10 厄介な問題が持ち上がった。
11 領土の割譲を要求された。
12 戸籍謄本を添えて申請する。
13 昔の記憶を手繰ってみる。
14 山のわき水で渇きをいやす。
15 蚕の繭から生糸をとる。
16 杉並木が有名な通りだ。
17 喪に服している間、派手な交際を避ける。
18 試合に負けた友人を慰める。

37 漢字の読み 10

出る順 ランクB

合格 13/18

得点

◆次の――線の読みをひらがなで書きなさい。

□ 1 悠久の時を思わせる景観だ。

□ 2 優勝候補が予選で苦汁をなめた。

□ 3 失政の続いた大統領が弾劾された。

□ 4 貨幣の価値に換算する。

□ 5 証人の出廷を求める。

□ 6 独特の雰囲気を漂わせる作品だ。

□ 7 諸国統一の大望に生きた乱世の俊傑だ。

□ 8 財産を嫡男に相続する。

□ 9 報告書に図表を挿入する。

□ 10 戦で勲功を立てて重用された。

□ 11 保証期間後は有償修理となる。

□ 12 心の琴線にふれる話だった。

□ 13 かかとに靴擦れができた。

□ 14 相手の計略に陥った。

□ 15 水を飲んで飢えをしのぐ。

□ 16 下唇をつき出してすねる。

□ 17 以下の場合は但し書きを適用する。

□ 18 お世辞ばかり言う嫌な人だ。

38 漢字の読み 11

出る順 ランクB

合格 13／18

得点

◆次の——線の読みをひらがなで書きなさい。

□1 慶弔でのマナーを身に付ける。

□2 改革案を実践して成果を収めた。

□3 禅宗の歴史を研究する。

□4 学歴の詐称が発覚した。

□5 琴を弾く繊細な指が美しい。

□6 家の賃貸契約を結んだ。

□7 贈賄の容疑で逮捕された。

□8 収入の多寡にはこだわらない。

□9 線路に砕石を敷く。

□10 東国の諸侯が集まって話し合う。

□11 遺体を解剖に付す。

□12 若者の購買意欲が低下する。

□13 大都会に人口が偏っている。

□14 刑に服して罪を償う。

□15 倒れないように戸棚を固定する。

□16 古い習慣が時代とともに廃れていく。

□17 漆塗りの食器を愛用する。

□18 清流とともに蛍が戻ってきた。

39 漢字の読み 12

出る順 ランクB

合格 13/18

得点

◆次の――線の読みをひらがなで書きなさい。

□ 1 なだめられて機嫌をなおした。

□ 2 粛然として開会式を待つ。

□ 3 父は謹厳な学者であった。

□ 4 華やかな王妃として有名だった。

□ 5 猟銃を肩に山野を歩く。

□ 6 漠然とした印象しか残っていない。

□ 7 江戸中期に川柳が盛んになった。

□ 8 結論を出すのは時期尚早だ。

□ 9 大木の幹の一部が空洞になっている。

□ 10 働き盛りの同僚が急逝した。

□ 11 村の古老から民謡を採譜する。

□ 12 世界の珍しい甲虫を網羅して展示する。

□ 13 坪庭にヤツデが植えてある。

□ 14 吸い込まれそうな巨大な渦潮だ。

□ 15 きゅうりの酢の物を作る。

□ 16 各地の窯元を訪ねて回る。

□ 17 駅まで叔母さんが送ってくれた。

□ 18 窓ガラスの隅々まで丁寧にふく。

1	2	3	4	5	6	7	8	9	10	11	12	13	14	15	16	17	18

40

漢字の読み 13

出る順 ランクB

合格 13／18

得点

◆次の――線の読みをひらがなで書きなさい。

□ 1 治安維持のために国連軍が**駐屯**する。

□ 2 仕事が**煩忙**を極めてきた。

□ 3 両者の和解に向けて**仲介**の労をとる。

□ 4 うわさの**真偽**はわからない。

□ 5 規則違反は**懲罰**の対象となる。

□ 6 **予鈴**を聞いて入室する。

□ 7 いかなる権威にも**盲従**しない。

□ 8 整形外科で**診療**を受けた。

□ 9 幼児**誘拐**事件が解決した。

□ 10 **漆器**は日本の伝統工芸品だ。

□ 11 **船舶**の免許を更新する。

□ 12 名演奏に無上の**愉悦**を覚えた。

□ 13 友人を次期会長候補として**薦**める。

□ 14 **最寄**りの駅まで歩いて十分です。

□ 15 丈夫で吸湿性の高い**麻**のハンカチだ。

□ 16 上司に**諭**されて辞職を思いとどまった。

□ 17 **為替**相場が大きく変動した。

□ 18 **猫背**の人は肩が凝りやすい。

41 漢字の書き 8

出る順 ランクB

合格 11／15

得点

◆次の——線のカタカナを漢字に直しなさい。

1 大病の後、ヒカク的健康な毎日を過ごす。
2 歴代のイセイ者の功績を調べる。
3 隣国の主権がシンガイされた。
4 ツウレツな野次にも動じない。
5 文章のロンシを一貫させる。
6 体育の時間にアクリョクを測定した。
7 自分の心臓のコドウが聞こえる。
8 年月を経た地蔵がロボウに立っている。
9 広大なサキュウを利用する。
10 雄大な自然をビョウシャした絵だ。
11 十年前の水準をイジする。
12 漁港のテイボウで釣りを楽しむ。
13 確固たる考えにリッキャクした行動だ。
14 仕事のヨカに油絵を習っている。
15 シドニーはナンイ三十四度に位置する。

1	2	3	4	5	6	7	8	9	10	11	12	13	14	15

42

漢字の書き 9

出る順 ランク B

合格 11／15

得点

◆次の——線のカタカナを漢字に直しなさい。

1 商品のアツカいに注意する。

2 見事な演技で有終の美をカザった。

3 味がよく、サラに健康にもよい。

4 回覧板をトナリの人に手渡した。

5 愛犬を追って通りへカけ出す。

6 あまりの惨状に目をソムける。

7 ナマリのように重い心を抱いている。

8 相手の気迫にオされるな。

9 事故についてクワしい報告を求める。

10 ヒマに飽かして読書する。

11 新聞に母校の写真がノっていた。

12 大勢の前でアカハジをかいた。

13 二色のタオルをタガい違いに並べる。

14 早朝に本堂のユカを磨く。

15 客をムカえる準備に忙しい。

43 漢字の書き 10

出る順 ランクB

合格 11/15

得点

◆次の——線のカタカナを漢字に直しなさい。

1 見学の申し込みがサットウしている。

2 入札を妨害した罪でキソされた。

3 故郷がサンゲキの舞台になる。

4 優れた人材をハイシュツした土地だ。

5 考古学の特別コウギは好評だった。

6 トウカイのおそれがある建物を調査する。

7 火口から灰色のフンエンが上がる。

8 コウキュウの平和を願う。

9 ミスがレンサ的に発生した。

10 姉は家事ゼンパンを上手にこなす。

11 居間はロクジョウほどの広さだ。

12 立論のコンキョを明示する。

13 勝負はイッシュンのうちに決まった。

14 冬山登山に備えタイカン訓練をする。

15 被災者をエンゴするための募金だ。

44 漢字の書き 11

出る順 ランクB

合格 11／15

得点

◆次の――線のカタカナを漢字に直しなさい。

□1 壇上で記念の花束をオクる。
□2 久しぶりにムスメと買い物に行く。
□3 趣味と実益をカねて英会話を習った。
□4 連戦連勝で名馬のホマれが高い。
□5 テガタい作戦で着実に得点する。
□6 不正な行為にイカりの声を上げる。
□7 家族ミナで食事をする。
□8 人通りの少ないサビしい場所だ。
□9 ありの穴からツツミも崩れる。
□10 宙を舞いアザやかに着地した。
□11 日本各地のワラベウタを集める。
□12 昨日よりイクブン過ごしやすい。
□13 球は思わぬ方向にハね返った。
□14 映画を見てナミダが止まらなかった。
□15 コメツブに文字を書ける人がいる。

45

漢字の書き 12

出る順 ランク B

合格 11/15

得点

◆次の――線のカタカナを漢字に直しなさい。

□ 1 試験前で神経がカビンになっている。

□ 2 工業用水のくみ上げにより地盤がチンカする。

□ 3 ビヨクの模様に特徴のある飛行機だ。

□ 4 委員会で制度のゼヒを問う。

□ 5 ボンジンには思いもよらない考えだ。

□ 6 毎晩十時にはシュウシンする。

□ 7 記事は大きなハンキョウを呼んだ。

□ 8 方針からイツダツするな。

□ 9 日本国憲法のスウコウな理想。

□ 10 世話になった恩師がキュウセイした。

□ 11 両社がガッペイして業界一位になる。

□ 12 平安時代にはショウエンがあった。

□ 13 早起きをショウレイする。

□ 14 犯人に向かってイカク射撃をする。

□ 15 与党のハバツ争いが続いている。

46

漢字の書き 13

出る順 ランクB

合格 11/15

得点

◆次の——線のカタカナを漢字に直しなさい。

1 将来をになうワコウドの集いが開かれた。
2 見事にオウギの的を射落とした。
3 身のタケに合った暮らしに満足する。
4 暑い夏もサカりを過ぎた。
5 風がミネから吹きおろす。
6 ここから先はミチハバが狭くなる。
7 王はタミの声に耳を傾けた。
8 この地方にはスギの美林が多い。
9 焼き物をカマから取り出す。
10 泥棒を捕らえてナワをなう。
11 そんなサルまねじゃだめだよ。
12 アサブクロに取れた芋を入れる。
13 今年も祖母が白菜をツけている。
14 家族で亡くなった祖父をトムラう。
15 この先にホラアナがある。

47 部首 3

出る順 ランクB

合格 14／20

得点

◆次の漢字の部首を記しなさい。

〈例〉 菜 ［艹］ 間 ［門］

1 碁

2 庸

3 斉

4 髄

5 甚

6 秀

7 帥

8 妥

9 軟

10 羅

11 衷

12 殿

13 充

14 剛

15 吏

16 虜

17 丈

18 頑

19 呈

20 朱

48

部首 4

出る順 ランクB

合格 14／20

得点

◆次の漢字の部首を記しなさい。

〈例〉 菜 [艹] 　間 [門]

1 享
2 奔
3 涯
4 幕
5 崇
6 窒
7 彰
8 恭
9 痴
10 窃

11 睡
12 致
13 欧
14 迭
15 魔
16 酌
17 閑
18 丙
19 革
20 丹

49 同音・同訓異字 5

出る順 ランクB

合格 12／16

得点

◆次の――線のカタカナを漢字に直しなさい。

1 六**ジョウ**の和室が二部屋ある。

2 **ジョウ**報が乱れ飛んでいる。

3 軽**ハク**な行いをするな。

4 俳優の**ハク**真の演技に感動する。

5 人前に出て**キン**張する。

6 **キン**務態度を評価する。

7 目の前に**セン**水艦が現れた。

8 新**セン**な野菜を食べる。

9 解**シャク**の違うところがある。

10 ちょっと拝**シャク**させてください。

11 市内を**ジュン**回する。

12 あなたの話は矛**ジュン**している。

13 みんなで記念写真を**ト**る。

14 数年ぶりに新卒者を**ト**る。

15 運動会で**カ**けっこに出場する。

16 休養を**カ**ねてのんびり旅行する。

50 同音・同訓異字 6

出る順 ランクB

合格 12／16

得点

◆次の――線のカタカナを漢字に直しなさい。

1 ガイ算で出張旅費を支出する。
2 商店ガイで買い物をする。

3 取り引き先とケイ約を結ぶ。
4 たびたび恩ケイに浴する。

5 恐フの表情を見せた。
6 新しい鉄道がフ設された。

7 自ゼンが猛威を振るうことがある。
8 雨漏りを修ゼンする。

9 乗用車とバスがヘイ行して走っている。
10 代表者がヘイ会の言葉を述べる。

11 強行採決にコウ議する。
12 運転免許証をコウ新する。

13 寺の住職はスミ絵が得意だ。
14 スミやかに結論を出すべきだ。

15 父の帰りを待ちコがれる。
16 朝からの仕事で肩がコっている。

51 同音・同訓異字 7

出る順 ランクB

合格 12／16

得点

◆次の――線のカタカナを漢字に直しなさい。

1 カン迎の式典を行う。
2 しっかり聞くことがカン心だ。
3 土地の一部がカツ譲される。
4 彼女はカツ動的なタイプだ。
5 子どもが事故のギ牲になった。
6 このギ曲はたいへん人気がある。
7 ホウ道の自由が脅かされる。
8 国会でホウ律が制定される。
9 山奥にはセン人が住むという。
10 新センな野菜を食卓に並べる。
11 彼はユウ秀なパイロットだ。
12 今世紀最大の英ユウだ。
13 考えウる限りの方法を試す。
14 水草が水面にウいている。
15 朝日に雪山がハえる。
16 寺の門前をハき清める。

熟語の構成 3

出る順 ランクB

合格 14/20

得点

熟語の構成のしかたには、次のようなものがある。

ア　同じような意味の漢字を重ねたもの　（岩石）
イ　反対または対応の意味を表す字を重ねたもの　（高低）
ウ　上の字が下の字を修飾しているもの　（洋画）
エ　下の字が上の字の目的語・補語になっているもの　（着席）
オ　上の字が下の字の意味を打ち消しているもの　（非常）

◆次の熟語は右のア〜オのどれにあたるか記号で答えなさい。

1 彼我
2 仰天
3 逸話
4 媒介
5 無恥
6 剛柔
7 懐疑
8 謹慎
9 遮光
10 急逝
11 擬似
12 喫茶
13 来賓
14 寛厳
15 懇請
16 不慮
17 直轄
18 把握
19 虚実
20 廃刊

53 熟語の構成 4

出る順 ランクB

合格 14/20

得点

熟語の構成のしかたには、次のようなものがある。

ア	同じような意味の漢字を重ねたもの	（岩石）
イ	反対または対応の意味を表す字を重ねたもの	（高低）
ウ	上の字が下の字を修飾しているもの	（洋画）
エ	下の字が上の字の目的語・補語になっているもの	（着席）
オ	上の字が下の字の意味を打ち消しているもの	（非常）

◆次の熟語は右のア～オのどれにあたるか記号で答えなさい。

1 覇権

2 合掌

3 俊敏

4 衆寡

5 無粋

6 妄信

7 是非

8 述懐

9 虜囚

10 恭順

11 点滅

12 紛糾

13 庶務

14 不浄

15 逓減

16 放逐

17 殉教

18 痴態

19 疎密

20 閲兵

54 対義語・類義語 3

出る順 ランクB

合格 14／20

得点

◆左の□の中の語を必ず一度使って漢字に直し、対義語・類義語を記しなさい。

対義語

1 快諾
2 高尚
3 凡庸
4 介入
5 懐柔
6 暫時
7 秘匿
8 寡黙
9 軽率
10 恭順

類義語

11 回顧
12 盛況
13 安逸
14 泰然
15 激励
16 卓絶
17 奇抜
18 酌量
19 醜聞
20 伯仲

・いあつ ・こうきゅう ・こぶ ・ついおく ・ばつぐん
・いだい ・こうりょ ・しんちょう ・ていぞく ・はんえい
・おめい ・ごかく ・たべん ・とっぴ ・はんぎゃく
・きらく ・こじ ・ちんちゃく ・ばくろ ・ぼうかん

55 対義語・類義語 4

出る順 ランクB

合格 14/20

得点

◆左の□の中の語を必ず一度使って漢字に直し、対義語・類義語を記しなさい。

対義語

1 透明
2 享楽
3 冗漫
4 鈍重
5 仙境
6 中枢
7 疎遠
8 概要
9 正統
10 怠惰

類義語

11 繊細
12 無粋
13 哀訴
14 不意
15 道端
16 肯定
17 懇切
18 幽閉
19 看過
20 時流

・いたん　・かんきん　・かんけつ　・きびん
・きんべん　・きんよく　・こんだく　・しょうさい
・しんみつ　・ぜにん　・ぞっかい　・たんがん
・ていちょう　・とうとつ　・びみょう　・ふうちょう
・まったん　・もくにん　・やぼ　・ろぼう

56 四字熟語 5

出る順 ランクB

合格 11／15

得点

◆次の四字熟語について、問1と問2に答えなさい。

問1 後の□内のひらがなを漢字にして1～10に入れ、四字熟語を完成させなさい。□内のひらがなは一度だけ使うこと。

□ア 1大妄想
□イ 朝2暮改
□ウ 泰然自3
□エ 換4奪胎
□オ 才色5備
□カ 巧6拙速
□キ 心頭滅7
□ク 英俊8傑
□ケ 9喜乱舞
□コ 難10不落

きゃく・きょう・けん
こ・こう・ごう・こつ
じゃく・ち・れい

問2 次の11～15の意味にあてはまるものを問1のア～コの四字熟語から一つ選び、記号で答えなさい。

□11 優れた知恵と美しい容姿の両方を持っていること。
□12 方針などが次々変わって定まらないこと。
□13 非常に喜ぶこと。
□14 才能が特に優れ、度胸のある人。
□15 物事に動じないさま。

57 四字熟語 6

出る順 ランクB

合格 11／15

得点

◆次の四字熟語について、問1と問2に答えなさい。

問1 後の□内のひらがなを漢字にして1～10に入れ、四字熟語を完成させなさい。□内のひらがなは一度だけ使うこと。

□ア 人跡未1

□イ 酔生2死

□ウ 3遍妥当

□エ 金4湯池

□オ 当意5妙

□カ 6常一様

□キ 有7転変

□ク 本末転8

□ケ 和洋9衷

□コ 歌10音曲

い・じょう・じん・せっ・そく・とう・とう・ふ・ぶ・む

問2 次の11～15の意味にあてはまるものを問1のア～コの四字熟語から一つ選び、記号で答えなさい。

□11 一般的に承認されるべきもの。

□12 その場に適応した素早い機転。

□13 いたずらに一生を終えること。

□14 この世は無常ではかないものであるたとえ。

□15 他から攻め込まれない堅固な備え。

58 四字熟語 7

出る順 ランクB

合格 11/15

得点

◆次の四字熟語について、問1と問2に答えなさい。

問1 後の□内のひらがなを漢字にして1〜10に入れ、四字熟語を完成させなさい。□内のひらがなは一度だけ使うこと。

□ ア 千 1 一 失

□ イ 夏 炉 冬 2

□ ウ 迷 3 千 万

□ エ 朝 三 4 四

□ オ 群 雄 5 拠

□ カ 謹 6 実 直

□ キ 公 序 良 7

□ ク 8 天 動 地

□ ケ 同 9 異 夢

□ コ 延 命 10 災

かっ・きょう・げん
しょう・せん・そく
ぞく・ぼ・りょ・わく

問2 次の11〜15の意味にあてはまるものを問1のア〜コの四字熟語から一つ選び、記号で答えなさい。

□ 11 同じ立場にありながら目的などが違うこと。

□ 12 誠実で真面目なさま。

□ 13 多くの実力者が互いに対立し合うこと。

□ 14 無用な物のたとえ。

□ 15 口先でうまく人をだますこと。

59

四字熟語 8

出る順 ランクB

合格 11／15

得点

◆次の四字熟語について、問1と問2に答えなさい。

問1 後の［　］内のひらがなを漢字にして1～10に入れ、四字熟語を完成させなさい。［　］内のひらがなは一度だけ使うこと。

ア 比［1］連理
イ ［2］下照顧
ウ 言行一［3］
エ 天下［4］免
オ 吉［5］禍福
カ ［6］善懲悪
キ 少壮気［7］
ク ［8］面仏心
ケ 愛別［9］苦
コ 質実剛［10］

えい・かん・き・きゃっ・きょう・けん・ご・ち・よく・り

問2 次の11～15の意味にあてはまるものを問1のア～コの四字熟語から一つ選び、記号で答えなさい。

11 年が若く意気盛んであること。

12 自分の足元をよく見るべきであること。

13 表面は怖そうだが、内面はとても優しいこと。

14 真面目でたくましいこと。

15 男女の情愛が深く、仲むつまじいことのたとえ。

60 誤字訂正 5

出る順 ランクB

合格 7/10

得点

◆次の各文には、まちがって使われている同じ読みの漢字が一字あります。上に誤字を、下に正しい漢字を記しなさい。

	誤	正
1 マグロの漁獲枠を各国一律に削減する動きに迫車が掛かっている。		
2 記者は職業上の守秘義務を理由に、取在源を明かすことを拒絶した。		
3 株主総会に備えて、会社の業績に関する各種の抄細な資料を作成する。		
4 一枚の紙で多様な造形がたのしめる折り紙は、子供の情想教育に有益だ。		
5 高齢化と過疎化が進行する農村で、後係者を育成する道を模索している。		
6 退院後の父は医師の忠告に従い、外出を控え晩酌を断って良養に努めた。		
7 買い注文が殺到して株価は天井知らずに高騰し、史上最高値を向新した。		
8 バブル経済崩壊の余波で文化施設は予算削減の厳しい状境に置かれた。		
9 石室の壁や石棺の象形文字を解読するため心食を忘れて研究に没頭した。		
10 恩師の叙勲の報に全国から門下生が掛け付け、祝宴が盛大に催された。		

61 誤字訂正 6

出る順 ランクB

合格 7/10

得点

◆次の各文には、まちがって使われている同じ読みの漢字が一字あります。上に誤字を、下に正しい漢字を記しなさい。

	誤	正
□ 1 老朽化が進む国内の橋の負食や劣化の状況を緊急に点検する必要がある。		
□ 2 前年度の屈辱的な大敗をばねに猛練習を積み、全国征覇を成し遂げた。		
□ 3 業務の集中や成果主義の浸到で心の健康を損なう人が増加している。		
□ 4 耕作放棄で雑草が覆う農地の叙草作業に草食性の家畜が貢献している。		
□ 5 新装された劇場で、人気俳優を集めた剛華な配役による初興行があった。		
□ 6 盆栽を淡精して育て、展覧会に出品したところ名誉ある金賞に選ばれた。		
□ 7 肉や魚などを用いない精進料理では大豆は貴調なタンパク源である。		
□ 8 濃霧が国道を覆ったため玉付き事故が起きて多くの死傷者が出た。		
□ 9 靴底に加わる衝激を精細に解析して科学的に設計した高機能の靴だ。		
□ 10 前途を嘱望される新伸画家が個展を開催し、高い評価を得た。		

62 誤字訂正 7

出る順 ランクB

合格 7/10

得点

◆次の各文には、まちがって使われている同じ読みの漢字が一字あります。上に誤字を、下に正しい漢字を記しなさい。

1 改正道路交通法では、違法駐車の取り締まりに民間看視員を配置できる。

2 豊かな色彩感覚と独自の筆知で風景を描いた画家の展覧会が開催された。

3 地元商店街の空き店舗が改装され買い物客の憩いの場として呈供された。

4 自然に触れる機会の少ない都会人に高総ビルの屋上庭園は評判がよい。

5 長年の間、繰り返されてきた巧妙な手口の脱税がついに適発された。

6 新薬は膨大な開発費がかかるため独占的な製造の頒売期間が認められる。

7 絶大な威勢を振るった古代の女帝が民衆の犠牲で築いた華礼な宮殿だ。

8 台風や地震による河川決壊、家屋倒壊など、天災は大きな傷後を残した。

9 野菜は栄養分を豊富に含むため、健康委持に重要な役割を果たしている。

10 将棋大会で有段者に必敵する実力の相手と対局し、苦戦を強いられた。

	誤	正
1		
2		
3		
4		
5		
6		
7		
8		
9		
10		

63

漢字と送りがな 3

出る順 ランクB

合格 11／15

得点

◆次の――線のカタカナを漢字一字と送りがな（ひらがな）に直しなさい。

〈例〉門をアケル。　開ける

1 靴音がヒビカないように注意する。
2 重大な過失をオカシた。
3 イサマシイ行進曲と共に入場する。
4 洗濯物をカワカスにはよい天気だ。
5 納期が迫りモッパラ作業に励む。
6 粗暴な言葉遣いをイマシメられた。
7 収穫前の果実が病気でクサル。
8 耳をスマシて鳥の声をきく。
9 巧みな宣伝文句にマドワサれた。
10 店をタタムことにした。
11 言葉をツツシンでもらいたい。
12 ひどい頭痛にナヤマサれる。
13 クルオシイ気持ちを抑える。
14 睡眠不足で頭の働きがニブル。
15 圧力なべを使うと豆も短時間でニエル。

64 漢字と送りがな 4

出る順 ランクB

合格 11／15

得点

◆次の——線のカタカナを漢字一字と送りがな（ひらがな）に直しなさい。

〈例〉 門をアケル。 開ける

1 赤ん坊をあやしてネカス。
2 もう一度機会をアタエル。
3 松の古木をカラシてしまった。
4 天をアオイで嘆く。
5 馬に乗って草原をカケル。
6 タガイの欠点を補い合う。
7 夏が終わると何となくサビシクなる。
8 カザリのない言葉で話す。
9 話し合いはサラニ続けられた。
10 心の琴線にフレル言葉だ。
11 ネムタクてあくびが出る。
12 オソロシイ夢を見て目が覚めた。
13 大豆を水にヒタシてから煮る。
14 祖父は来年米寿をムカエル。
15 部長が会計係をカネル。

65 漢字の読み 14

出る順 ランクC

合格 13/18

得点

◆次の――線の読みをひらがなで書きなさい。

□1 実践することに意義がある。
□2 議会は民主政治の中枢だ。
□3 珠玉の小品を集めた詩集だ。
□4 他人のパスワードを窃用する。
□5 荘重な式典に参加する。
□6 謹んで哀悼の意を表する。
□7 土地がやせて収穫量が逓減する。
□8 不貞の事実を証明する。
□9 中国では普通の人も自称に「朕」を使った。
□10 今や閑却を許さない事態だ。
□11 野暮な人としか言いようがない。
□12 急いでテントを撤収する。
□13 拙い私ではございますが。
□14 カキの実が赤く熟れている。
□15 子どもの将来について思い煩う。
□16 思い違いも甚だしい。
□17 当選の暁には全力をつくします。
□18 落とした財布を血眼になって捜す。

66 漢字の読み 15

出る順 ランクC

合格 13/18

得点

◆次の――線の読みをひらがなで書きなさい。

1 生活困窮者を公的に扶助する。
2 グループ企業の総帥として君臨する。
3 孫の初節句に内裏びなを贈る。
4 近隣の豪族は恭順の意を表した。
5 鋭くそそり立つ山の桟道を行く。
6 壁に伯爵の肖像画が掛かっている。
7 淑女のふるまいを身につける。
8 責任者の罷免を要求する。
9 救急病院に急患が運ばれる。
10 水鳥が生息する干潟を歩く。
11 電池を並列につなぐ。
12 唯美派を代表する作家と言われる。
13 木の実の殻をむく。
14 心が癒やされる音楽だ。
15 土を盛って塚をつくった。
16 海辺で夕映えの空を眺める。
17 祖父は安らかに逝った。
18 隣と棟続きの家に住む。

67 漢字の読み 16

出る順 ランクC

合格 13／18

得点

◆次の――線の読みをひらがなで書きなさい。

□ 1 夜に**洗濯**する家庭が増えている。

□ 2 事実をありのままに**叙述**する。

□ 3 大会の運営を**統轄**する。

□ 4 誤りを一言のもとに**喝破**した。

□ 5 まだ定員に**若干**の余裕がある。

□ 6 豪華な花嫁**衣装**に見とれる。

□ 7 悲報を聞いて**号泣**する。

□ 8 方向**音痴**で目的地にたどりつけない。

□ 9 壁面の**幾何**学的装飾が見事だ。

□ 10 **勅願**によって建てられた寺だ。

□ 11 手術後しばらくして**麻酔**から覚めた。

□ 12 氷河時代に形成された**洪積**層だ。

□ 13 雨の日に外出し、**足袋**が汚れてしまった。

□ 14 重要な任務に**就**く。

□ 15 彼の暗記力は人並み以上に**優**れている。

□ 16 口元からのぞく**八重歯**が愛らしい。

□ 17 ファンは**雪崩**を打って入り口に殺到した。

□ 18 優美な**大和**ことばでよまれた歌だ。

68 漢字の読み 17

出る順 ランクC

合格 13／18

得点

◆次の――線の読みをひらがなで書きなさい。

□ 1 里芋の地下茎は**塊茎**である。
□ 2 一国の**宰相**として国際会議に臨む。
□ 3 長年の使用で部品が**磨耗**した。
□ 4 エビの体表は**甲殻**で覆われている。
□ 5 旅費を**大雑把**に見積もる。
□ 6 祖父は**晩酌**を楽しみにしている。
□ 7 患者にとって**福音**となる新薬だ。
□ 8 正座で**下肢**がしびれた。
□ 9 道に**凹凸**ができている。
□ 10 名演奏を聴いて**忘我**の境に入る。
□ 11 脱税を**教唆**した罪に問われる。
□ 12 **蛍雪**の功成って見事合格した。
□ 13 遺族に**弔**いの言葉を掛ける。
□ 14 魚の腐った**臭**いがする。
□ 15 くよくよ気に**病**んでも仕方がない。
□ 16 失敗の**虞**にも負けない。
□ 17 親の顔に**泥**を塗るな。
□ 18 社長は独断専行の**嫌**いがある。

69 漢字の読み 18

出る順 ランクC

合格 13／18

得点

◆次の――線の読みをひらがなで書きなさい。

□ 1 タイの北部に白亜の寺院がある。
□ 2 下弦の月をひとりきりで眺める。
□ 3 難しい外科の手術が成功した。
□ 4 祖父の葬儀を斎場で執り行う。
□ 5 みことのりを文書にしたものを詔書という。
□ 6 久しぶりの会議で紛糾する。
□ 7 若者が妊婦に席を譲った。
□ 8 乾布摩擦で皮膚を鍛える。
□ 9 親切な申し出を拒絶する。
□ 10 出土した縄文土器を調査する。
□ 11 情状を酌量する余地がある。
□ 12 高校野球で春夏連覇を達成した。
□ 13 固い決意を内に秘める。
□ 14 子どもたちが健やかに育つ。
□ 15 昔から目の敵にされている。
□ 16 鋼のような筋肉の持ち主だ。
□ 17 「崎」は海に突き出した地形である。
□ 18 出家して尼となる。

70 漢字の書き 14

出る順 ランク C

合格 11/15

得点

◆次の――線のカタカナを漢字に直しなさい。

□ 1 山海のチンミが皿に盛られている。
□ 2 選手と監督をケンムする。
□ 3 昔のキオクを頼りに思い出の地を探す。
□ 4 変更をシンチョウに検討する。
□ 5 管内を怠りなくジュンシする。
□ 6 合格のケンナイに入りそうだ。
□ 7 電車のシンドウが伝わってくる。
□ 8 体操競技でチョウバの選手になる。
□ 9 大学で心理学をセンコウする。
□ 10 いとことセンコウ花火を楽しむ。
□ 11 夏場は食べ物がフハイしやすい。
□ 12 大国へのレイゾクから脱する。
□ 13 会はモンきり型のあいさつで始まった。
□ 14 新聞のレンサイ小説を楽しみにしている。
□ 15 社会のルールにムジュンを感じる。

71 漢字の書き 15

出る順 ランク C

合格 11／15

得点

◆次の――線のカタカナを漢字に直しなさい。

□ 1 例年に比べて開花はオソかった。

□ 2 旧式だが、機械の性能はオトらない。

□ 3 結婚披露宴でピアノをヒく。

□ 4 思ったよりセマい部屋だ。

□ 5 どちらにするかで長時間ナヤむ。

□ 6 時とともに悲しみもウスらいできた。

□ 7 イの中のかわずになるな。

□ 8 来客をニイヅマが優しく出迎えた。

□ 9 逃げた猿をツカまえた。

□ 10 花束にカードをソえて渡した。

□ 11 責任をノガれることはできない。

□ 12 台所でサトイモを煮るにおいがする。

□ 13 毎朝庭で花をツむ。

□ 14 葉の先からシズクが垂れる。

□ 15 ささいなことを気にヤんでも仕方がない。

72 漢字の書き 16

出る順 ランクC

合格 11/15

得点

◆次の――線のカタカナを漢字に直しなさい。

1 人工カンミリョウを使わない食品だ。

2 バイオエタノールはダイタイ燃料である。

3 エンバン投げで新記録が出た。

4 地下に食料をビチクする。

5 不要なカショに斜線を引く。

6 ライウンが発生し天候が急変した。

7 排ガスは公害のゲンキョウの一つだ。

8 ハックツされた形跡のある古墳だ。

9 超人的な演技にキョウタンした。

10 自分の才能をコジしてはばからない。

11 皮肉に気づかぬドンカンな人だ。

12 十年のサイゲツを費やして完成した。

13 敵の目を欺くためメイサイ服を着る。

14 ワルツは三ビョウシの軽快な舞曲だ。

15 厚いシンコウ心を持った人だ。

73 漢字の書き 17

出る順 ランク C

合格 11／15

得点

◆次の――線のカタカナを漢字に直しなさい。

□ 1 アルバイトで旅行の費用をマカナう。

□ 2 スズを転がすようなきれいな声だ。

□ 3 春眠アカツキを覚えず。

□ 4 ここからのナガめは最高だ。

□ 5 突然の雨にカサを差さずに走る。

□ 6 扉に鉄のクサリを掛ける。

□ 7 赤ちゃんの手をニギる。

□ 8 カネヅカいの荒さを指摘された。

□ 9 毎日人のために働く兄をエラいと思う。

□ 10 資源にメグまれた国を視察する。

□ 11 危険な場所をカナアミで囲う。

□ 12 トウゲの茶屋で一休みする。

□ 13 せっかくの申し出をコバむなんて。

□ 14 この町はハモノの生産が盛んだ。

□ 15 本当にタナからぼたもちだった。

74 漢字の書き 18

出る順 ランクC

合格 11/15

得点

◆次の——線のカタカナを漢字に直しなさい。

1 式場でコンレイ衣装を借りる。
2 思わずトイキが漏れた。
3 消息を絶った友の無事をキネンする。
4 運転を自動的にセイギョする装置だ。
5 料理についてならタイテイのことはわかる。
6 交通法規の関連ジョウコウをよく読む。
7 意見が合わずフンキュウした。
8 歯列のキョウセイに通っている。
9 久しぶりのセンタク日和だ。
10 厚顔ムチな言動をいさめる。
11 事件の全容をハアクする。
12 質問に対してテイネイに答える。
13 協奏曲のガクフが手に入った。
14 外国のヒンカクをもてなす。
15 彼は大きな商家のチャクナンだ。

75 部首 5

出る順 ランク C

合格 14/20

得点

◆次の漢字の部首を記しなさい。

〈例〉 菜 [艹]　間 [門]

1 臭
2 賓
3 麻
4 薫
5 京
6 喪
7 旋
8 癒
9 勇
10 仙

11 呉
12 堕
13 宵
14 蛍
15 礁
16 窯
17 塁
18 頒
19 尼
20 誓

76

部首 6

出る順 ランクC

合格 14／20

得点

◆次の漢字の部首を記しなさい。

〈例〉 菜［艹］ 間［門］

1 夜
2 履
3 敢
4 雇
5 罷
6 掌
7 逸
8 頻
9 辛
10 索

11 叙
12 嚇
13 慶
14 戻
15 准
16 升
17 麗
18 缶
19 斥
20 屯

77 同音・同訓異字 8

出る順 ランク C

合格 12／16

得点

◆次の――線のカタカナを漢字に直しなさい。

1 見るからに温コウな人だ。

2 今日が原コウの締め切り日です。

3 近くにバスのテイ留所がある。

4 書類をテイ出してください。

5 母が美容インに出かける。

6 商売を息子に任せてイン居する。

7 大事件に世の中がソウ然とする。

8 昨日乾ソウ注意報が出された。

9 彼は人気のあるスイ理作家だ。

10 先生の思想に心スイしている。

11 裁判官は無ザイを言い渡した。

12 父からザイ産を相続する。

13 アワい色をうまく使った絵だ。

14 捨て猫のアワれな鳴き声が聞こえる。

15 氏名が名簿からモれていた。

16 モえるような情熱の持ち主だ。

78

同音・同訓異字 9

出る順 ランクC

合格 12/16

得点

◆次の——線のカタカナを漢字に直しなさい。

1 試験に向けてモウ烈に勉強する。
2 あらゆる情報をモウ羅する。
3 オゾン層が破カイされる。
4 今年のカイ勤賞は三人だった。
5 祖父の趣味はボン栽だ。
6 今回はボン庸な作品ばかりだ。
7 遺セキの調査を行う。
8 仕事の失敗で叱セキを受けた。
9 あちこちで連サ反応を引き起こす。
10 それぞれの商品のサ別化を図る。
11 容疑者が雑トウにまぎれる。
12 うわさが世間に浸トウしている。
13 弟は気のアラいところがある。
14 帰宅したら手をアラいなさい。
15 責任を他の人にオしつける。
16 彼が学級委員にオされる。

79 同音・同訓異字 10

出る順 ランクC

合格 12/16

得点

◆次の――線のカタカナを漢字に直しなさい。

1 夕べは興フンして眠れなかった。
2 十年ぶりに火山がフン火した。
3 父は特チョウのある顔をしている。
4 助走をつけてチョウ躍する。
5 犯行にはエイ利な刃物が使われた。
6 公害の悪エイ響が広がる。
7 鉛筆でキ何学模様を描く。
8 スタジアムに歓キの輪が広がる。
9 世界の屋根をセイ服する。
10 セイ名を明らかにせよ。
11 かなりのサイ月がたつ。
12 私の意見がサイ用された。
13 身が引きシまる思いだ。
14 インクが紙にシみ込む。
15 前を走るランナーを追いヌく。
16 暑いので上着をヌいだ。

80 熟語の構成 5

出る順 ランクC

合格 14/20

得点

熟語の構成のしかたには、次のようなものがある。

ア 同じような意味の漢字を重ねたもの （岩石）
イ 反対または対応の意味を表す字を重ねたもの （高低）
ウ 上の字が下の字を修飾しているもの （洋画）
エ 下の字が上の字の目的語・補語になっているもの （着席）
オ 上の字が下の字の意味を打ち消しているもの （非常）

◆次の熟語は右のア〜オのどれにあたるか記号で答えなさい。

1 享楽
2 不偏
3 豪腕
4 禍福
5 融解
6 哀歓
7 収賄
8 棋譜
9 研磨
10 酷暑

11 還暦
12 繊毛
13 推奨
14 絶佳
15 任免
16 不易
17 繁閑
18 苦衷
19 渋滞
20 出塁

81 熟語の構成 6

出る順 ランクC

合格 14／20

得点

➔ 熟語の構成のしかたには、次のようなものがある。

ア	同じような意味の漢字を重ねたもの	（岩石）
イ	反対または対応の意味を表す字を重ねたもの	（高低）
ウ	上の字が下の字を修飾しているもの	（洋画）
エ	下の字が上の字の目的語・補語になっているもの	（着席）
オ	上の字が下の字の意味を打ち消しているもの	（非常）

◆次の熟語は右のア～オのどれにあたるか記号で答えなさい。

□ 1 経緯
□ 2 顕在
□ 3 充満
□ 4 未了
□ 5 起伏
□ 6 俗臭
□ 7 船舶
□ 8 製缶
□ 9 清浄
□ 10 献本

□ 11 真偽
□ 12 捜索
□ 13 無窮
□ 14 災厄
□ 15 免責
□ 16 謹呈
□ 17 素朴
□ 18 賢愚
□ 19 即位
□ 20 淑女

82

対義語・類義語 5

出る順 ランクC

合格 14/20

得点

◆左の□の中の語を必ず一度使って漢字に直し、対義語・類義語を記しなさい。

対義語

1 衰微
2 埋蔵
3 虐待
4 湿潤
5 煩雑
6 堕落
7 希釈
8 剛健
9 謙虚
10 遵守

類義語

11 不審
12 反撃
13 衷心
14 無視
15 係累
16 墨守
17 併合
18 薄情
19 心酔
20 羅列

・あいご
・かんりゃく
・こうせい
・にゅうじゃく
・まごころ
・いはん
・ぎゃくしゅう
・こうまん
・のうしゅく
・もくさつ
・いちぞく
・ぎわく
・こしゅう
・はっくつ
・れいたん
・かんそう
・けいとう
・とういつ
・はんえい
・れっきょ

83 対義語・類義語 6

出る順 ランクC

合格 14／20

得点

◆左の□の中の語を必ず一度使って漢字に直し、対義語・類義語を記しなさい。

対義語

1 概略
2 閑中
3 遺失
4 浮遊
5 一括
6 過密
7 幼稚
8 冷静
9 供述
10 根幹

類義語

11 感銘
12 道楽
13 懇意
14 普通
15 貯蔵
16 同僚
17 不穏
18 目印
19 無窮
20 火急

・えいえん
・しひょう
・じんじょう
・どうはい
・ぼうちゅう
・かそ
・しゅうとく
・しんみつ
・ねつれつ
・まっせつ
・かんぷく
・しゅみ
・せっぱく
・びちく
・もくひ
・けんあく
・しょうさい
・ちんでん
・ぶんかつ
・ろうれん

84 四字熟語 9

出る順 ランクC

合格 11/15

得点

◆次の四字熟語について、問1と問2に答えなさい。

問1 後の□内のひらがなを漢字にして1～10に入れ、四字熟語を完成させなさい。□内のひらがなは一度だけ使うこと。

□ア 一 1 即発

□イ 信賞必 2

□ウ 色即 3 空

□エ 草行露 4

□オ 一 5 団結

□カ 6 化登仙

□キ 多岐 7 羊

□ク 8 刀乱麻

□ケ 海 9 無双

□コ 大山 10 動

うかい・しゅく
しょく・ぜ・だい・ち
ばつ・ぼう・めい

問2 次の11～15の意味にあてはまるものを問1のア～コの四字熟語から一つ選び、記号で答えなさい。

□11 方針がありすぎて選択に迷うこと。

□12 危険な状態に直面していること。

□13 騒ぎだけ大きくて、結果は意外に小さいことのたとえ。

□14 世の中に並ぶものがないほど優れていること。

□15 こじれた物事を見事に処理すること。

85 四字熟語 10

出る順 ランクC

合格 11／15

得点

◆次の四字熟語について、問1と問2に答えなさい。

問1 後の□内のひらがなを漢字にして1～10に入れ、四字熟語を完成させなさい。□内のひらがなは一度だけ使うこと。

□ア 一陽来1

□イ 2天去私

□ウ 浅学3才

□エ 4腹撃壊

□オ 厚顔無5

□カ 孤城6日

□キ 勇7果敢

□ク 針小8大

□ケ 上意下9

□コ 10石無効

こ・そく・たつ・ち
ひ・ふく・ぼう・もう
やく・らく

問2 次の11～15の意味にあてはまるものを問1のア～コの四字熟語から一つ選び、記号で答えなさい。

□11 善い政治が行われ、人々が平和な生活を送るさま。

□12 物事を実際より大げさに言うこと。

□13 何事も恐れず、大胆に行動すること。

□14 悪運の後で幸運に向かうこと。

□15 かつての勢いを失い、助けもなく心細いさま。

86 四字熟語 11

出る順 ランクC

合格 11／15

得点

◆次の四字熟語について、問1と問2に答えなさい。

問1 後の［　］内のひらがなを漢字にして1～10に入れ、四字熟語を完成させなさい。［　］内のひらがなは一度だけ使うこと。

□ ア 終始一［1］

□ イ ［2］敗堕落

□ ウ 静［3］閑雅

□ エ 深山幽［4］

□ オ 傍［5］無人

□ カ 円転滑［6］

□ キ 優勝［7］敗

□ ク 故事来［8］

□ ケ 自己［9］盾

□ コ 佳人［10］命

かん・こく・じゃく・じゃく・だつ・はく・ふ・む・れき・れつ

問2 次の11～15の意味にあてはまるものを問1のア～コの四字熟語から一つ選び、記号で答えなさい。

□ 11 自分勝手な振る舞い。

□ 12 強者が栄えて弱者が滅びること。

□ 13 物事をそつなくしきるさま。

□ 14 行動や態度などがずっと変わらないこと。

□ 15 精神が乱れて、品行が悪くなること。

87

四字熟語 12

出る順 ランク C

合格 11／15

得点

◆次の四字熟語について、問1と問2に答えなさい。

問1 後の□内のひらがなを漢字にして1～10に入れ、四字熟語を完成させなさい。□内のひらがなは一度だけ使うこと。

□ ア 気炎万1
□ イ 意味2長
□ ウ 一朝一3
□ エ 不4不滅
□ オ 5髪衝天
□ カ 機6縦横
□ キ 金城鉄7
□ ク 海外8談
□ ケ 博9強記
□ コ 10田引水

が・き・きゅう・じょう・しん・せき・ど・ぺき・らん・りゃく

問2 次の11～15の意味にあてはまるものを問1のア～コの四字熟語から一つ選び、記号で答えなさい。

□ 11 非常に守りがかたく、つけ込むすきがないこと。
□ 12 自分に都合がいいように行動すること。
□ 13 広く書物を読み、多くの物事を知っていること。
□ 14 激しくいきどおる形相。
□ 15 わずかな時日。

88 誤字訂正 8

出る順 ランクC

合格 7／10

得点

◆次の各文には、まちがって使われている同じ読みの漢字が一字あります。上に誤字を、下に正しい漢字を記しなさい。

□ 1 紙は、人類の文化の進歩と発展に貢献した依大な発明である。

□ 2 手作りの家具に供わるぬくもりは効率一辺倒の機械生産では生まれない。

□ 3 高名な日本舞謡家の公演に出掛けて伝統芸能の良さを満喫した。

□ 4 著名な学者が該博な知識を軽妙な話題で披露し、聴集を魅了した。

□ 5 盲導犬は日本全国で活躍しているが欧米と比格するとその普及率は低い。

□ 6 世の辛惨をなめた人の言葉には重みがあると、最近痛感するようになった。

□ 7 緊急入院した患者は臨症経験の豊富な医師の適切な処置で危機を脱した。

□ 8 高画質撮映が可能なカメラ付き携帯電話が開発され、話題を集めている。

□ 9 加工食品は賞味期限や点加物の表示を見ながら購入するよう心掛ける。

□ 10 締め切った部屋で暖房器具を使用すると空気が渇くので加湿が必要だ。

誤	正
1	
2	
3	
4	
5	
6	
7	
8	
9	
10	

89 誤字訂正 9

出る順 ランクC

合格 7/10

得点

◆次の各文には、まちがって使われている同じ読みの漢字が一字あります。上に誤字を、下に正しい漢字を記しなさい。

	誤	正
□ 1 超人的な記録が達成されて、会場は観客の熱競の渦に包まれた。		
□ 2 欧州旅行で、かつての国王の権力を象徴するような壮礼な城を見学した。		
□ 3 地元の小学生による呼笛隊が、目抜き通りの商店街を元気に行進する。		
□ 4 新規開店の量販店に近所の主婦が殺到し、押すな押すなの大勢況だった。		
□ 5 収益一辺倒を脱客し社会的責任を果たしてこそ企業の堅実な発展がある。		
□ 6 陸上競技大会の三段跳びで脅異的な記録が誕生し、会場が沸いた。		
□ 7 東洋の古美術品の所蔵で名高い美術館が老旧化した建物の改築を決めた。		
□ 8 廃水から不純物を分理し、水質を浄化する新方式の装置が開発された。		
□ 9 おどりの会は優賀な和服姿の女性が集まり、華やいだ雰囲気に包まれた。		
□ 10 想定される巨大地震に備えて、地盤調査や建物の退震診断を依頼した。		

90 誤字訂正 10

出る順 ランクC

合格 7/10

得点

◆次の各文には、まちがって使われている同じ読みの漢字が一字あります。上に誤字を、下に正しい漢字を記しなさい。

	誤	正
1 再生紙に対する理解が社会に伸透して葉書や公文書にも使用されている。		
2 日本人の暴険家が、熱気球での太平洋横断に挑戦して注目を浴びた。		
3 周りの人より先に詳細で正確な情報を入手して優悦感にひたっている。		
4 近年、世界各地で異常降雨による洪水が頻発し深刻な費害が出ている。		
5 社会の複雑化や希迫な家族関係が原因で心の病にかかる人が増えている。		
6 人類は自然の恩敬を享受する一方で環境破壊を続けている。		
7 人体の活動に不可欠な中性脂房も増えすぎると動脈硬化の一因となる。		
8 森林浴に出掛けて渓流の音や樹木の芳酵を満喫し、気分転換ができた。		
9 就学を支援する奨学金は返債義務の有無により貸与と給付に大別される。		
10 銀盤の女王とたたえられるスケート選手が氷上で華麗な演技を披朗した。		

91 漢字と送りがな 5

出る順 ランクC

合格 11／15

得点

◆次の――線のカタカナを漢字一字と送りがな（ひらがな）に直しなさい。

〈例〉門をアケル。　開ける

□ 1 ボタンを押す指に力をコメル。
□ 2 魚の骨がのどにササッた。
□ 3 古代遺跡をメグル旅に出た。
□ 4 エラブラない態度の人だ。
□ 5 穴に何かがツマル。
□ 6 座礁して船がカタムク。
□ 7 試験までアマスところ三日だ。
□ 8 木橋が長年の風雪でクチル。
□ 9 危うく窮地をノガレルことができた。
□ 10 カクレた人材を発掘する。
□ 11 明け方の空を流星がナナメに横切った。
□ 12 赤くウレルころに収穫する。
□ 13 サカンナ声に送られて土俵に上がる。
□ 14 あいまいに言葉をニゴス。
□ 15 キツネにバカサれる民話がある。

92 漢字と送りがな 6

出る順 ランクC

合格 11/15

得点

◆次の――線のカタカナを漢字一字と送りがな(ひらがな)に直しなさい。

〈例〉 門をアケル。 開ける

□ 1 キタナイ言葉遣いはやめよう。

□ 2 悲しみに心がトザサれる。

□ 3 お話をみんなでウカガウ。

□ 4 恐ろしくてひざがフルエル。

□ 5 靴が大きすぎてすぐヌゲル。

□ 6 図鑑にクワシイ説明が載っている。

□ 7 医者をココロザシて上京した。

□ 8 トビが輪をエガイて飛ぶ。

□ 9 船が陸からハナレル。

□ 10 アザヤカナ逆転ホームランだった。

□ 11 海外旅行をオオイニ楽しんだ。

□ 12 秀才のホマレ高い兄が自慢だ。

□ 13 ココロヨク引き受ける。

□ 14 空高く山々がツラナル。

□ 15 イチジルシイ進歩をみせる。

実戦模擬テスト 1

時間　60分
合格点　140/200
得点

㈠ 次の――線の漢字の読みをひらがなで記せ。(30点)

1 不良債権問題が顕在化した。（　　）
2 長期にわたり地殻の変動を記録する。（　　）
3 入念に雑菌を洗い流す。（　　）
4 長く惰眠をむさぼっていた。（　　）
5 広漠たる原野がどこまでも続く。（　　）
6 のどかな暮春の風景だ。（　　）
7 負債を五年で償却した。（　　）
8 拙宅へ一度お立ち寄りください。（　　）
9 潤色を交えず文章を書く。（　　）
10 諸国を遍歴して武者修行をする。（　　）
11 チームの初優勝に感泣した。（　　）
12 心境を淡々と叙述する。（　　）
13 部品の磨耗が故障の原因だった。（　　）
14 抜本的な対策を要する問題だ。（　　）
15 ご厚情に感謝申し上げます。（　　）
16 もはやわずかの猶予もならない。（　　）
17 延長戦に入って一対一の均衡が崩れた。（　　）
18 息子の述べた弔辞が涙を誘う。（　　）
19 ある教授に私淑している。（　　）
20 遺跡から石棺が出土した。（　　）
21 唇をとがらせて文句を言う。（　　）
22 足に合わせて草履の鼻緒をすげる。（　　）
23 隊員は命懸けで少女を救出した。（　　）
24 川の中州で水鳥が群れている。（　　）
25 何度も失敗してすっかり懲りた。（　　）

26 ほどよく泡が立ったビールを飲む。（　　）

27 襟を正して先生の話を聞く。（　　）

28 ご注文は確かに承りました。（　　）

29 局地的な大雨の虞がある。（　　）

30 見るに見かねて助太刀する。（　　）

(二) 次の漢字の部首を記せ。（10点）

〈例〉 菜（艹） 間（門）

1 剖（　　）
2 克（　　）
3 崇（　　）
4 香（　　）
5 栽（　　）
6 献（　　）
7 矯（　　）
8 我（　　）
9 虚（　　）
10 徹（　　）

(三) **熟語の構成**のしかたには次のようなものがある。（20点）

ア 同じような意味の漢字を重ねたもの（**岩石**）
イ 反対または対応の意味を表す字を重ねたもの（**高低**）
ウ 上の字が下の字を修飾しているもの（**洋画**）
エ 下の字が上の字の目的語・補語になっているもの（**着席**）
オ 上の字が下の字の意味を打ち消しているもの（**非常**）

次の熟語は右の**ア～オ**のどれにあたるか、**一つ**選び、**記号**で記せ。

1 赴任（　　）
2 存廃（　　）
3 熟睡（　　）
4 飢餓（　　）
5 殊勲（　　）
6 閑静（　　）
7 美醜（　　）
8 無為（　　）
9 抗菌（　　）
10 超越（　　）

(四) 次の**四字熟語**について、問1と問2に答えよ。

問1 後の□内のひらがなを**漢字**にして1～10に入れ、**四字熟語**を完成せよ。□内のひらがなは一度だけ使うこと。（20点）

ア 和敬清 1 （　　）

イ　2名返上（　　）
ウ　固定3念（　　）
エ　4忍自重（　　）
オ　不偏不5（　　）
カ　自己6盾（　　）
キ　厚顔無7（　　）
ク　人材8出（　　）
ケ　9止千万（　　）
コ　悠悠自10（　　）

いん・お・かん・じゃく・しょう ち・てき・とう・はい・む

問2　次の11〜15の**意味**にあてはまるものを問1の**ア〜コの四字熟語**から**一つ**選び、**記号**で記せ。（10点）

11　俗事にわずらわされず、心のままに静かな生活を送る。（　　）
12　非常にばかばかしいこと。（　　）
13　極めてずうずうしいさま。（　　）
14　公正・中立な立場を取ること。（　　）
15　悪い評価・評判を退けること。（　　）

(五)　次の1〜5の**対義語**、6〜10の**類義語**を後の□の中から選び、**漢字**で記せ。□の中の語は一度だけ使うこと。（20点）

対義語

1　油断（　　）
2　怠惰（　　）
3　膨張（　　）
4　忘却（　　）
5　悲哀（　　）

類義語

6　妥当（　　）
7　服従（　　）
8　辛苦（　　）
9　動転（　　）
10　抜群（　　）

かんき・きおく・ぎょうてん きんべん・くっし・けいかい しゅうしゅく・てきせつ・なんぎ れいぞく

(六)　次の――線の**カタカナ**を**漢字**に直せ。（20点）

1　有名な画家の作品を**カン**賞する。（　　）
2　父は野球部の**カン**督をしている。（　　）

3 ギ式を執り行う。（　　）
4 国会の質ギを傍聴する。（　　）

5 やっと合格ケン内に入った。（　　）
6 三人の記者が派ケンされる。（　　）

7 投書が新聞に掲サイされる。（　　）
8 彼の色サイ感覚はすばらしい。（　　）

9 予想外の苦戦をシいられる。（　　）
10 賛成が過半数をシめる。（　　）

(七) 次の各文にまちがって使われている**同じ読みの漢字**が**一字**ある。**上に誤字**を、**下に正しい漢字**を記せ。（10点）

1 滝と奇岩を巡る渓刻沿いの遊歩道を散策し、初夏の緑を満喫した。（　　）（　　）
2 手のひらの静脈の形状で本人を確認する現金自動出入機が働入されている。（　　）（　　）
3 最近のクイズ番組は知識の豊富さより頭脳の充軟さを問う傾向がある。（　　）（　　）
4 笑顔は心の穏やかさの照徴で、心が健康であることの証拠と言われる。（　　）（　　）
5 紅葉の秋に郷里で開かれた同窓会は終始穏やかな雰意気に包まれていた。（　　）（　　）

(八) 次の――線のカタカナを**漢字一字**と**送りがな(ひらがな)**に直せ。（10点）

〈例〉 問題にコタエル。（答える）

1 二つの委員をカネルことになった。（　　）
2 先例をフマエて式典を執り行う。（　　）
3 師の恩にムクイル時だ。（　　）
4 干し草をサイロにタクワエル。（　　）
5 若いころ、ナヤマシイ日々を送った。（　　）

(九) 次の――線のカタカナを**漢字**に直せ。（50点）

1 一週間のキュウカをとって旅に出た。（　　）
2 根拠のないゾクセツに過ぎない。（　　）
3 看護師としてイリョウ施設で働く。（　　）

4 疑いが晴れてシャクホウされた。（　　）

5 選手のケントウをたたえる。（　　）

6 遺跡のハックツを見学する。（　　）

7 カンテイ書つきの宝石を購入した。（　　）

8 薄型テレビをブンカツ払いで購入した。（　　）

9 大衆にゲイゴウした映画だ。（　　）

10 優勝旗を手にカンルイにむせんだ。（　　）

11 何度か経験をし、メンエキになった。（　　）

12 カチュウの人物に取材を試みる。（　　）

13 現状をハアクしなければならない。（　　）

14 ごみをハイキ処分する。（　　）

15 シガイ線から肌を守る。（　　）

16 言葉のハシをとらえて難癖をつける。（　　）

17 とろけるようなシタザワりの菓子だ。（　　）

18 メズラしい貝殻を集めている。（　　）

19 市民は戦火の中で逃げマドった。（　　）

20 谷川の流れに足をヒタす。（　　）

21 ミチハバが狭くて通りにくい。（　　）

22 空にナマリイロの雲が広がる。（　　）

23 頭にシラガが目立つようになった。（　　）

24 畑のウネを耕す。（　　）

25 基本的なワクグみを決める。（　　）

実戦模擬テスト 2

時間 60分
合格点 140/200
得点

㈠ 次の――線の**漢字の読み**をひらがなで記せ。（30点）

1 病後は滋養となる物を食べる。（　　）
2 派手な宣伝活動を自粛することにした。（　　）
3 韻律を学んで漢詩作りを試みる。（　　）
4 客の要望に迅速に対応する。（　　）
5 戦争の惨禍を今に伝える町だ。（　　）
6 父の楽しみは仕事の後の晩酌だ。（　　）
7 偽善的な行為とは思えない。（　　）
8 祖父は高尚な趣味の持ち主だ。（　　）
9 タイヤの磨耗が著しい。（　　）
10 定期的に人工透析を受けている。（　　）
11 教唆されて犯行に及んだ。（　　）
12 叔父は寡黙な人だった。（　　）
13 希望者に見本を進呈する。（　　）
14 年齢を括弧の中に記入してください。（　　）
15 人前で醜態を演じてしまった。（　　）
16 病気は自然治癒した。（　　）
17 適宜休憩をお取りください。（　　）
18 会社設立にあたり、定款を作成する。（　　）
19 リーダーには寛容の精神が求められる。（　　）
20 若干名の採用を予定している。（　　）
21 事故で大きな損害を被った。（　　）
22 住宅が竜巻で破壊された。（　　）
23 後ろから忍び足で近づく。（　　）
24 村の寺の住職は尼が務める。（　　）
25 見るに堪えない俗悪な映画だった。（　　）

26 持参した土産を殊の外喜んでくれた。（　　）

27 辛うじて予選を通過した。（　　）

28 読書に時間を費やす。（　　）

29 楽しく且つ有意義な一日を過ごした。（　　）

30 紙吹雪が歌手の頭に降りかかる。（　　）

(二) 次の漢字の**部首**を記せ。（10点）

〈例〉 菜（艹）　間（門）

1 耗（　　）
2 戯（　　）
3 薫（　　）
4 弔（　　）
5 承（　　）
6 玄（　　）
7 磨（　　）
8 尿（　　）
9 亭（　　）
10 免（　　）

(三) **熟語の構成**のしかたには次のようなものがある。（20点）

ア 同じような意味の漢字を重ねたもの	**（岩石）**
イ 反対または対応の意味を表す字を重ねたもの	**（高低）**
ウ 上の字が下の字を修飾しているもの	**（洋画）**
エ 下の字が上の字の目的語・補語になっているもの	**（着席）**
オ 上の字が下の字の意味を打ち消しているもの	**（非常）**

次の熟語は右の**ア～オ**のどれにあたるか、**一つ**選び、**記号**で記せ。

1 賠償（　　）
2 蛇行（　　）
3 納棺（　　）
4 不穏（　　）
5 添削（　　）
6 出没（　　）
7 剰余（　　）
8 邪推（　　）
9 愚痴（　　）
10 随時（　　）

(四) 次の**四字熟語**について、**問1**と**問2**に答えよ。

問1 後の□内のひらがなを**漢字**にして**1**～**10**に入れ、**四字熟語**を完成せよ。□内のひらがなは一度だけ使うこと。（20点）

ア **1** 牛充棟（　　）

イ 巧[2]拙速（　　）

ウ 付和[3]同（　　）

エ [4]知徹底（　　）

オ 人権[5]害（　　）

カ 面目[6]如（　　）

キ [7]大妄想（　　）

ク 一朝一[8]（　　）

ケ 気[9]壮大（　　）

コ [10]髪衝天（　　）

う・かん・こ・しゅう・しん・せき ち・ど・や・く・らい

問2 次の11～15の**意味**にあてはまるものを**問1**の**ア～コの四字熟語**から**一つ**選び、**記号**で記せ。（10点）

11 よく考えもせず、他人の言動に従うこと。（　　）

12 蔵書が非常に多いことのたとえ。（　　）

13 実際よりもはるかに優れていると思い込むこと。（　　）

14 心構えがなみはずれて広いこと。（　　）

15 世間の評判にふさわしい活動をして、生き生きとしていること。（　　）

(五) 次の1～5の**対義語**、6～10の**類義語**を後の□の中から選び、**漢字**で記せ。□の中の語は一度だけ使うこと。（20点）

対義語

1 軽侮（　　）

2 逸材（　　）

3 裕福（　　）

4 撤去（　　）

5 罷免（　　）

類義語

6 撲滅（　　）

7 顕著（　　）

8 輸送（　　）

9 土台（　　）

10 頑丈（　　）

うんぱん・けんご・こんかん こんぜつ・せっち・そんけい にんめい・ひんこん・ぼんさい れきぜん

(六) 次の――線の**カタカナ**を**漢字**に直せ。（20点）

1 大雨が続き、地<u>バン</u>が緩む。（　　）

2 <u>バン</u>障お繰り合わせの上ご出席ください。（　　）

3 店は多ボウを極めている。（　）
4 脂ボウのとりすぎはよくない。（　）

5 祖母はカイ護施設に入っている。（　）
6 カイ律の厳しい宗教だ。（　）

7 やっと頂上にトウ達した。（　）
8 これはおいしい白トウだ。（　）

9 厳正な態度でノゾむ。（　）
10 富士山をノゾむ展望台。（　）

(七) 次の各文にまちがって使われている**同じ読みの漢字**が**一字**ある。**上に誤字**を、**下に正しい漢字**を記せ。（10点）

1 農水産物の多くを輸入に頼る日本の食料自給律は低下の一途をたどる。（　）（　）

2 役員会議での質問に速座に答えられるよう綿密に資料を準備する。（　）（　）

3 数年前に新型の流行性感冒が猛偉を振るったと記憶している。（　）（　）

4 古墳の石室に描かれた壁画の裂化を防ぐため専門家が対策を講じた。（　）（　）

5 砂丘は風紋が常に変化し、響嘆に値する景観を呈する。（　）（　）

(八) 次の――線の**カタカナ**を**漢字一字**と**送りがな(ひらがな)**に直せ。（10点）

〈例〉 問題にコタエル。（答える）

1 危険をサケル措置をとる。（　）
2 太陽がカクレてしまった。（　）
3 一行ヌカシて読んだ。（　）
4 終始ナゴヤカナ会合だった。（　）
5 親をケムタク感じる年ごろだ。（　）

(九) 次の――線の**カタカナ**を**漢字**に直せ。（50点）

1 火山ガスのフンシュツを警戒する。（　）
2 時々キバツな服装をして人を驚かす。（　）
3 祖母から日本ブヨウを習っている。（　）

4 社長の発声で**カンパイ**した。（　　）

5 開店に際し**キンリン**へあいさつに伺う。（　　）

6 明治の**ブンゴウ**の代表作を選んだ。（　　）

7 能や**キョウゲン**は日本の古典芸能だ。（　　）

8 国語教育に**ジンリョク**する。（　　）

9 毛糸の**ボウシ**をかぶって出かける。（　　）

10 神社にもうでて合格を**キガン**する。（　　）

11 この作品は有名画家の**アリュウ**だ。（　　）

12 **コンイン**届を役所に提出した。（　　）

13 **ユウカイ**犯を捕まえる。（　　）

14 不正行為を**ダンガイ**する。（　　）

15 気になる部分を**タンテキ**に示す。（　　）

16 今でも三年前の事件が**オ**を引いている。（　　）

17 世人の良識に**ウッタ**える。（　　）

18 着物を室内で**カゲボ**しにする。（　　）

19 急に眠気に**オソ**われた。（　　）

20 終始**セ**め続けて試合を優勢に運ぶ。（　　）

21 病状がようやく**トウゲ**を越した。（　　）

22 葉先の**アサツユ**が光っている。（　　）

23 もう弱音を吐くとは**イクジ**がない。（　　）

24 家の**カキネ**を整える。（　　）

25 書類を差し**モド**す。（　　）

解答編

（×は、まちがえやすい例です）

1 漢字の読み 1

1 へいこう ×へいきん
2 ちゅうかく
3 そうかん
4 ぎんみ
5 ゆうし

注意 「融資」は、お金を用立てるという意味。「隔」と似ているので注意。

6 ぼうえき
7 あんたい
8 ひじゅん
9 がんしょう
10 せんかい
11 はっしょう
12 そうさく
13 やわ
14 か
15 わ
16 さるやま
17 あともど
18 ちか

2 漢字の読み 2

1 がっぺい
2 せいしょう ×さいしょう
3 かんりょう
4 のうり
5 えっけん
6 かんぼつ
7 だりょく
8 らくのう
9 ちょうだ
10 じゅうたい
11 はんぷ

注意 「頒」は「はん」と読み、わけるという意味。「領」と似ているので注意。

12 かんしょう
13 ととの
14 なまぐさ
15 しも
16 おおわく
17 かさ
18 なが

3 漢字の読み 3

1 しゅひん
2 そしゃく
3 こんい
4 めいか
5 のうこう
6 びょうとう
7 しょうきゃく
8 べってい
9 とうじょう
10 しゅうしゅう
11 ふってん
12 だらく

注意 「堕落」は、「墜落（ついらく）」と似ているので注意。

13 いた
14 やまはだ
15 しる
16 つなみ
17 みす
18 ほ

4 漢字の読み 4

1 すうこう
2 だべん
3 きかん
4 てつびん
5 こんちゅう
6 へい
7 じんそく

注意 「迅速」と同じ意味で「敏速（びんそく）」もある。読み方も似ているので注意。

8 にゅうりょう
9 りんり
10 ばいかい
11 どじょう
12 ちゃかっしょく
13 すず
14 つつさき
15 みが
16 とびらえ
17 あたい
18 やなぎ

解答編

5 漢字の読み 5

1 こうけん
2 りこう
3 ほんぽう
4 もぎ

注意 「擬」は「たとえる・まねる」の意味。「疑」とまちがえないように注意。

5 だとう
6 こくひょう
7 いちまつ
8 そがい
9 ふしょう
10 りゅうさん
11 るいけい
12 むきゅう
13 みさき
14 しの
15 さえぎ
16 かせ
17 はさき
18 みぞ

6 漢字の読み 6

1 こんぼう
2 ていねい
3 こるい
4 へんちょう
5 こうてい
6 ほじゅう
7 じせん
8 きほう
9 りゅうじん
10 はいぜつ
11 ないしょ
12 こうぼく
13 えり
14 ますめ
15 たまわ

注意 「賜る」は「もらう」の意味の謙譲語。送りがなにも注意。

16 うら
17 しぶ
18 あさづ

7 漢字の読み 7

1 ぜんぞう

注意 「漸」は「だんだん」「次第に」の意味。

2 はばつ
3 ふゆう
4 せつゆ
5 きょうゆう
6 いつだつ
7 ゆうしゅう
8 ていさつ
9 へんれき
10 さいきん
11 すいしょう
12 はいえつ
13 はさ
14 つつし
15 も
16 いつわ
17 くだ
18 さ

8 漢字の書き 1

1 熱狂
2 遠慮
3 光沢

注意 ここでの「沢」は「たく」と読み、「つや」の意味。「択」と似ているので、まちがえないように注意。

4 釈明
5 名刺
6 販売
7 療養
8 不況
9 追跡
10 傾斜
11 旅客
12 透明
13 猛威
14 躍動
15 授与

9 漢字の書き 2

1 払
2 仰
3 曇
×雲
4 頼
5 抜
6 物腰
7 和
×柔
8 鈍
9 屋敷
10 叫
11 及
12 疲
13 水浸

注意 「浸」の音読みは「シン」。「侵」と似ているので、まちがえないように注意。

14 震
15 肩書
×片書

10 漢字の書き 3

1 焼失
2 突破
3 劣等
4 飛躍
5 満杯
6 皆勤
7 毛髪
8 遠征
9 派遣
10 即座
×速座
11 汚濁

注意 「濁」の訓読みは「濁(にご)る」。あわせて覚えよう。

12 開拓
13 塔
×棟
14 柔和
15 薬剤

11 漢字の書き 4

1 戒

注意 音読みでは「カイ」。「警戒」「戒律」などがある。

2 人影
3 込
4 枯
5 軒下
6 見舞
7 黙
8 吐
9 汚
10 巡
11 澄
12 煮物
13 暦
14 勧

注意 同訓異字に「進める」「薦める」があるので注意。

15 夜露

12 漢字の書き 5

1 帽子
2 好奇心
×好気心
3 闘志

注意 「闘志」は「闘(たたか)おうとする気力」の意味。また、「闘志に満ちた人」や「兵士」を「闘士(とうし)」という。

4 信頼
5 送迎
6 濃霧
7 違法
8 越権
9 雄弁
×優弁・勇弁
10 撃退
11 隣人
12 弾力
13 被爆
14 証拠
15 腕力

13 漢字の書き 6

1 召
2 嘆
3 足踏
4 敷
5 縁

注意 「縁」の訓読みが「ふち」。音読みは「エン」で、「縁側」「縁談」などがある。

6 詰
7 畝
8 泡
9 稼
10 嫌気
11 尋

注意 「尋ねる」は、人に聞くこと。「訪ねる」は、人に会いに行くことである。

12 磨
13 懲
14 戻
15 渦

14 漢字の書き 7

1 返却
2 尋問
3 徴収

注意 金銭を集めることが「徴収」。人を強制的に集めることが「徴集」である。

4 覇権
5 年俸
6 謁見
7 中庸
8 殉死
9 汚泥
10 相互 ×双互
11 媒介
12 憤慨
13 依然 ×以前
14 惑星
15 用途

15 部首 1

1 日
2 衣
3 欠
4 夕
5 二
6 刀
7 亠
8 田
9 瓦
10 目
11 氺
12 釆
13 虍
14 行
15 鬼
16 殳
17 口
18 曰
19 弓
20 音

16 部首 2

1 凵
2 一
3 ⺍
4 手
5 ⺲
6 羽
7 竜
8 走
9 火
10 卜
11 寸
12 ⺌
13 疒
14 日
15 卩
16 木
17 囗
18 彳
19 女
20 辰

17 同音・同訓異字 1

1 継
2 傾
3 疲
4 被
5 況
6 凶
7 冒
8 帽

注意 「冒」には「おかす」という訓読みがあるが、「帽」には訓読みがない。

9 素
10 訴
11 詳
12 沼
13 解
14 研
15 割
16 避

18 同音・同訓異字 2

1 証
2 称
3 操
4 創
5 漫
6 慢
7 堤
8 程
9 催
10 債
11 踊
12 腰
13 欲
14 彫
15 擦

注意 「擦」の音読みは「サツ」で、「摩擦」「擦過傷」などと使う。

16 澄

19 同音・同訓異字 3

1 錯
2 削
3 替
4 貸
5 誘
6 優
7 帝
8 締
9 較
10 閣
11 畔

注意 「畔」には「水のほとり」という意味がある。

12 範
13 耐
14 絶
15 就
16 着

20 同音・同訓異字 4

1 請
2 精
3 透
4 到
5 抵
6 訂
7 恨

注意 「恨」の訓読みは「うらむ」「うらめしい」。「悔恨」は後悔し残念に思うこと。

8 婚
9 徴
10 澄
11 粋
12 垂
13 傷
14 痛
15 好
16 済

21 熟語の構成 1

1 イ
2 エ
3 ウ
4 ア

> **注意** 「枢」は「すう」と読み、物事のかなめの意味。

5 オ
6 イ
7 エ
8 ア
9 エ
10 ウ
11 イ
12 ア
13 ウ
14 オ
15 ウ
16 ア
17 エ
18 ウ
19 イ
20 エ

22 熟語の構成 2

1 エ
2 イ
3 ウ

> **注意** 「浄」は、「けがれのない、清らかな」の意味。「浄財」は、寺社・慈善事業などに寄付する金銭のこと。

4 ア
5 エ
6 ウ
7 ア
8 オ
9 ウ
10 イ
11 ウ
12 エ
13 イ
14 ウ
15 ア
16 イ
17 エ
18 ア
19 エ
20 オ

23 対義語・類義語 1

対義語

1 汚染
2 融解
3 栄転
4 釈放
5 採用
6 美麗
7 抵抗
8 素直
9 売却
10 歴然

類義語

11 介入
12 処罰
13 寄与
14 延期
15 安眠
16 推移
17 模範
18 我慢
19 介抱
20 大衆

24 対義語・類義語 2

対義語

1 派遣
2 沈降
3 古豪
4 獲得
5 却下
6 侵害
7 追跡
8 臨時
9 貧困
10 添加

類義語

11 尽力
12 調和
13 匹敵
14 拠点
15 混乱
16 前途
17 納得
18 激怒
19 手柄
20 面倒

25 四字熟語1

問1
1 載
2 闘
3 客
4 奇
5 鋭
6 威
7 霧

注意 「霧中」は深い霧の中にいるという意味なので、「五里夢中」とは書かない。

8 途
9 潔
10 沈

問2
11 ク
12 イ
13 エ
14 ウ
15 キ

26 四字熟語2

問1
1 志
2 麗
3 鬼
4 耕
5 吐

注意 「青息吐息」とは、苦しいときや困ったときに、弱りきって吐くため息のこと。

6 網
7 極
8 尽
9 挙
10 半

問2
11 カ
12 ク
13 イ
14 エ
15 コ

27 四字熟語3

問1
1 混
2 笑
3 怒
4 沈
5 途
6 依
7 臨
8 髪

注意 「一髪」は髪の毛一本ほどのわずかな違いという意味なので、「一発」とは書かない。

9 刻
10 騒

問2
11 エ
12 カ
13 コ
14 オ
15 キ

28 四字熟語4

問1
1 婚
2 到
3 堅

注意 「要害堅固」とは、地形が険しく、敵の攻撃を防ぐのに好都合で守りが固いこと。

4 隠
5 裏
6 仲
7 薄
8 抗
9 序
10 尾

問2
11 ケ
12 オ
13 イ
14 コ
15 エ

29 誤字訂正1

1 集・拾

注意 「収集」は、一か所にものを集めること。「収拾」は、混乱した事態を収めること。

2 鎖・査
3 博・拍
4 俊・瞬
5 望・臨

注意 「望む」は、「願う」「遠くを眺める」の意味。「臨む」は、ある場所に向かい面すること。ここでは、「(大会に)参加する」の意味。

6 依・維
7 区・駆
8 永・栄
9 観・甘
10 備・微

30 誤字訂正2

1 非・避

注意 「非難」は、相手の欠点などを責めること。「避難」は、災難を避けて逃れること。

2 屈・掘
3 脅・凶
4 使・刺

注意 「風刺」とは、社会や人物を遠回しに批判すること、また、その批判を嘲笑的に表現すること。

5 視・紫
6 透・到
7 狂・叫
8 逃・盗
9 旅・慮
10 休・朽

31 誤字訂正3

1 預・与
2 固・拠
3 盲・猛
4 進・振
5 採・載

注意 「搭載」とは、車両・航空機・艦船などに物資を積み込むこと。「搭」を「塔」にまちがえないように注意。

6 攻・抗
7 慎・深
8 歴・暦
9 伐・罰
10 貫・環

注意 「一貫」は、初めから終わりまで考えなどを貫き通すこと。「一環」は、全体のつながりの一部分のこと。

32 誤字訂正4

1 役・躍
2 層・装
3 付・浮
4 服・復
5 委・依
6 嘱・殖

注意 「繁殖」は、生物が増えていくこと。「殖」は、「植」と似ているので、まちがえないように注意。

7 薦・鮮
8 対・待

注意 「待」には、「待つ」のほかに、「もてなす」の意味がある。「虐待」は、むごい扱いをすること。

9 延・援
10 保・捕

33 漢字と送りがな 1

1 費やし ×費し
2 騒がしく ×騒しく
3 訴える
4 誇らしく ×誇しく
5 恵み
6 扱わ
7 結わえる
8 薄めれ
9 迫る
10 珍しい ×珍らしい
11 添える
12 荒れる
13 及ぼす ×及す
14 恋しく
15 含める

34 漢字と送りがな 2

1 操る ×操つる
2 握る
3 嘆かわしく ×嘆わしく
4 越える
5 頼もしい ×頼しい
6 劣ら
7 尋ねる
8 踏まえ ×踏え
9 和やかな
10 輝い
11 承り ×承わり
12 被る ×被むる
13 甘んじる
14 忙しく
15 沈める

35 漢字の読み 8

1 ひんど
2 かちゅう
3 ちつじょ
4 てきぎ
5 ろけん
6 じゅんぼく
7 かんてい
8 ぼんよう
9 りょう
10 ちくじ

注意 「逐次」とは、物事が順を追って次々となされること。「遂」と似ているので注意。

11 ひへい
12 とくそく
13 おもなが
14 か
15 まかな
16 ほり
17 ひとがき
18 いど

36 漢字の読み 9

1 せっそく
2 けいこく
3 ほうかつ
4 けっせん
5 ちょうぼう
6 ふんぜん
7 ごふく
8 ふっとう
9 ろうおう
10 やっかい
11 かつじょう
12 とうほん
13 たぐ

注意 「手」の読み方に注意しよう。また、「繰」は「操」と似ているので注意。

14 かわ
15 まゆ
16 すぎなみき
17 も
18 なぐさ

37 漢字の読み 10

1 ゆうきゅう
2 くじゅう
3 だんがい
4 かへい

注意 「幣」は「お金・通貨」の意味。「弊害（へいがい）」などの「弊」と似ているので注意。

5 しゅってい
6 ふんいき
7 しゅんけつ
8 ちゃくなん
9 そうにゅう
10 くんこう
11 ゆうしょう
12 きんせん
13 くつず
14 おちい
15 う
16 したくちびる
17 ただ
18 いや

38 漢字の読み 11

1 けいちょう
2 じっせん
3 ぜんしゅう
4 さしょう
5 せんさい
6 ちんたい
7 ぞうわい
8 たか
9 さいせき
10 しょこう

注意 「侯」は爵位を表し、「王侯・侯爵」などに用いる。「候」と似ているので注意。

11 かいぼう
12 こうばい
13 かたよ
14 つぐな
15 とだな
16 すた
17 うるしぬ
18 ほたる

39 漢字の読み 12

1 きげん
2 しゅくぜん
3 きんげん
4 おうひ
5 りょうじゅう
6 ばくぜん
7 せんりゅう
8 しょうそう
9 くうどう
10 きゅうせい
11 さいふ
12 もうら
13 つぼにわ
14 うずしお
15 す
16 かまもと
17 おば

注意 「叔母」は、父母の妹・弟の妻の場合。「伯母」は、父母の姉・兄の妻の場合である。

18 すみずみ

40 漢字の読み 13

1 ちゅうとん
2 はんぼう

注意 「煩忙」とは、仕事が多くて忙しいこと。同じ読み・同じ意味で「繁忙」もある。

3 ちゅうかい
4 しんぎ
5 ちょうばつ
6 よれい
7 もうじゅう
8 しんりょう
9 ゆうかい
10 しっき
11 せんぱく
12 ゆえつ
13 すす
14 もよ
15 あさ
16 さと
17 かわせ
18 ねこぜ

41 漢字の書き 8

1 比較
2 為政
3 侵害

注意 「侵」は「シン」と読み、おかすという意味。同じ読みで、水がしみ込むという意味の「浸」とまちがえないように注意。

4 痛烈
5 論旨
6 握力
7 鼓動
8 路傍
9 砂丘
10 描写
11 維持
12 堤防
13 立脚
14 余暇
15 南緯

42 漢字の書き 9

1 扱
2 飾
3 更
4 隣
5 駆
6 背

注意 「背」には、「せなか・身長」のほかに、「反する・裏切る」の意味がある。「背ける」は、顔や目をそらすこと。

7 鉛
8 押
9 詳
10 暇
11 載
12 赤恥
13 互
14 床
15 迎

43 漢字の書き 10

1 殺到 ×殺倒
2 起訴
3 惨劇
4 輩出

注意 「輩出」は、優れた人物が次々に出ること。不要な物を出す「排出」とまちがえないように注意。

5 講義
6 倒壊
7 噴煙
8 恒久
9 連鎖
10 全般
11 六畳
12 根拠
13 一瞬
14 耐寒 ×体感
15 援護

44 漢字の書き 11

1 贈 ×送
2 娘
3 兼
4 誉
5 手堅

注意 「かたい」には「堅い」「固い」「硬い」があるが、「てがたい」の場合は、「手堅い」だけであることに注意。

6 怒
7 皆
8 寂
9 堤
10 鮮
11 童歌
12 幾分
13 跳
14 涙
15 米粒

45 漢字の書き 12

1 過敏
2 沈下

注意
沈んで位置が下がることが「沈下」。火事が消えることは「鎮火(ちんか)」である。あわせて覚えよう。

3 尾翼
4 是非
5 凡人
6 就寝
7 反響
8 逸脱
9 崇高
10 急逝
11 合併
12 荘園
13 奨励
14 威嚇
15 派閥

46 漢字の書き 13

1 若人

注意
特殊な読みをする熟字訓。玄人(くろうと)・素人(しろうと)もあわせて覚えよう。

2 扇
3 丈
4 盛
5 峰
6 道幅
7 民
8 杉
9 窯
10 縄
11 猿
12 麻袋
13 漬
14 弔
15 洞穴

47 部首 3

1 石
2 广
3 斉
4 骨
5 甘
6 禾
7 巾
8 女
9 車
10 罒
11 衣
12 殳
13 儿
14 刂
15 口
16 虍
17 一
18 頁
19 口
20 木

48 部首 4

1 亠
2 大
3 氵
4 巾
5 山
6 穴
7 彡
8 小
9 疒
10 穴
11 目
12 至
13 欠
14 辶
15 鬼
16 酉
17 門
18 一
19 革
20 丶

49 同音・同訓異字 5

1 畳
2 情
3 薄
4 迫
5 緊
6 勤
7 潜
8 鮮
9 釈
10 借
11 巡
12 盾
13 撮
14 採

注意 「撮」は「撮影」、「採」は「採用」と熟語にすると間違えずに書ける。

15 駆
16 兼

50 同音・同訓異字 6

1 概
2 街
3 契
4 恵
5 怖
6 敷
7 然
8 繕
9 並
10 閉
11 抗
12 更
13 墨
14 速
15 焦
16 凝

注意 「凝」は「凝固」「凝結」など、かたまる意味を表す熟語が多い。

51 同音・同訓異字 7

1 歓
2 肝
3 割
4 活
5 犠
6 戯

注意 「戯」には、あそぶ、ふざけるの意味もある。「遊戯」「児戯」などと使う。

7 報
8 法
9 仙
10 鮮
11 優
12 雄
13 得
14 浮
15 映
16 掃

52 熟語の構成 3

1 イ
2 エ
3 ウ
4 ア
5 オ
6 イ
7 エ
8 ア
9 エ
10 ウ
11 ア
12 エ
13 ウ
14 イ
15 ウ
16 オ
17 ウ
18 ア
19 イ
20 エ

53 熟語の構成 4

1 ウ
2 エ
3 ア
4 イ
5 オ
6 ウ
7 イ
8 エ
9 ア
10 ウ
11 イ
12 ア
13 ウ
14 オ
15 ウ
16 ア
17 エ
18 ウ
19 イ
20 エ

54 対義語・類義語 3

対義語

1 固辞
2 低俗
3 偉大
4 傍観
5 威圧
6 恒久
7 暴露
8 多弁
9 慎重
10 反逆

類義語

11 追憶
12 繁栄
13 気楽
14 沈着
15 鼓舞
16 抜群
17 突飛
18 考慮
19 汚名
20 互角

55 対義語・類義語 4

対義語

1 混濁
2 禁欲
3 簡潔
4 機敏
5 俗界
6 末端
7 親密
8 詳細
9 異端
10 勤勉

類義語

11 微妙
12 野暮
13 嘆願
14 唐突
15 路傍
16 是認
17 丁重
18 監禁
19 黙認
20 風潮

56 四字熟語 5

問1

1 誇
2 令
3 若
4 骨
5 兼
6 遅
7 却

注意 「心頭滅却」とは、精神を集中して雑念を取り去ること。

8 豪
9 狂
10 攻

問2

11 オ
12 イ
13 ケ
14 ク
15 ウ

57 四字熟語6

問1
1 踏

注意 まだ足を踏み入れていないことから「未踏」と書く。8の「本末転倒」と間違えないこと。

2 夢
3 普
4 城
5 即
6 尋
7 為
8 倒
9 折
10 舞

問2
11 ウ
12 オ
13 イ
14 キ
15 エ

58 四字熟語7

問1
1 慮
2 扇
3 惑
4 暮
5 割
6 厳
7 俗
8 驚

注意 「驚天動地」とは、世間をひどく驚かすこと。

9 床
10 息

問2
11 ケ
12 カ
13 オ
14 イ
15 エ

59 四字熟語8

問1
1 翼
2 脚
3 致
4 御
5 凶
6 勧
7 鋭
8 鬼
9 離

注意 「愛別離苦」とは、親しい人と別れるつらさをいう。

10 健

問2
11 キ
12 イ
13 ク
14 コ
15 ア

60 誤字訂正5

1 迫・拍

注意 「迫」「拍」のほかに、「泊」「伯」も「ハク」と読み、形も似ているので注意。

2 在・材
3 抄・詳
4 想・操

注意 「情操」とは、優れたものに接して感動する情感豊かな心のこと。

5 係・継
6 良・療
7 向・更
8 境・況
9 心・寝
10 掛・駆

61 誤字訂正 6

1 負・腐
2 征・制
3 到・透
4 叙・除
5 剛・豪
6 淡・丹

注意 「丹精」とは、心を込めて物事に取り組むこと。

7 調・重
8 付・突
9 激・撃
10 伸・進

注意 「新進」とは、その分野に新しく現れ、活躍していること。「新進気鋭」の四字熟語もあわせて覚えよう。

62 誤字訂正 7

1 看・監

注意 「看」も「監」も「見守る」の意味であるが、「監」には、見守って取り締まる、見張るの意味が含まれる。

2 知・致
3 呈・提
4 総・層
5 適・摘

注意 「適」「摘」のほかに、「滴」「敵」も「テキ」と読み、形も似ているので注意。

6 頒・販
7 礼・麗
8 後・跡
9 委・維
10 必・匹

63 漢字と送りがな 3

1 響か
2 犯し
3 勇ましい ×勇しい
4 乾かす
5 専ら ×専ぱら
6 戒め ×戒しめ
7 腐る
8 澄まし
9 惑わさ ×惑さ
10 畳む
11 慎ん ×慎しん
12 悩まさ
13 狂おしい
14 鈍る
15 煮える

64 漢字と送りがな 4

1 寝かす
2 与える
3 枯らし ×枯し
4 仰い
5 駆ける
6 互い
7 寂しく ×寂く
8 飾り
9 更に
10 触れる
11 眠たく
12 恐ろしい ×恐しい
13 浸し
14 迎える
15 兼ねる ×兼る

65 漢字の読み 14

1 じっせん
2 ちゅうすう
3 しゅぎょく
4 せつよう
5 そうちょう
6 あいとう
7 ていげん
8 ふてい
9 ちん
10 かんきゃく
11 やぼ
12 てっしゅう
13 つたな
14 う

注意 「熟(う)れる」のほかに、「熟(じゅく)す」もある。送りがなに注意して判別しよう。

15 わずら
16 はなは
17 あかつき
18 ちまなこ

66 漢字の読み 15

1 ふじょ
2 そうすい
3 だいり
4 きょうじゅん
5 さんどう
6 はくしゃく
7 しゅくじょ
8 ひめん

注意 「罷免」とは、職務を辞めさせること。

9 きゅうかん
10 ひがた
11 へいれつ
12 ゆいび
13 から
14 い
15 つか
16 ゆうば
17 い
18 むねつづ

67 漢字の読み 16

1 せんたく
2 じょじゅつ
3 とうかつ
4 かっぱ

注意 「喝破」とは、大声で相手を言い負かすこと、物事の本質を明言すること。

5 じゃっかん
6 いしょう
7 ごうきゅう
8 おんち
9 きか
10 ちょくがん
11 ますい
12 こうせき
13 たび
14 つ
15 すぐ
16 やえば
17 なだれ
18 やまと

68 漢字の読み 17

1 かいけい

注意 「塊茎」とは、地下茎の一部が養分を蓄えて、塊状に肥大したもの。

2 さいしょう
3 まもう
4 こうかく
5 おおざっぱ
6 ばんしゃく
7 ふくいん
8 かし
9 おうとつ
10 ぼうが
11 きょうさ
12 けいせつ
13 とむら
14 にお
15 や
16 おそれ
17 どろ
18 きら

69 漢字の読み 18

1 はくあ
2 かげん
3 げか
4 さいじょう
5 しょうしょ
6 ふんきゅう
7 にんぷ
8 まさつ
9 きょぜつ
10 じょうもん
11 しゃくりょう
12 れんぱ
13 ひ
14 すこ
15 かたき

注意 「敵」は、音読みが「テキ」、訓読みが「かたき」である。ここでは、「目の敵」とあることに注目しよう。

16 はがね
17 さき
18 あま

70 漢字の書き 14

1 珍味
2 兼務
3 記憶
4 慎重
5 巡視
6 圏内
7 振動
8 跳馬
9 専攻

注意 「専攻」は、学問を専門に研究すること。自分だけの判断で行う「専行」とまちがえないように注意。

10 線香
11 腐敗
12 隷属
13 紋
14 連載
15 矛盾

71 漢字の書き 15

1 遅
2 劣
3 弾
4 狭
5 悩
6 薄
7 井
8 新妻
9 捕

注意 「捕」の訓読みには、「捕(つか)まえる」のほかに、「捕(と)らえる」もある。あわせて覚えよう。

10 添
11 逃
12 里芋
13 摘
14 滴
15 病

72 漢字の書き 16

1 甘味料
2 代替
3 円盤
4 備蓄
5 箇所
6 雷雲
7 元凶
8 発掘

注意 「掘」の訓読みは「掘(ほ)る」。「堀(ほり)」と似ているので、まちがえないように注意。

9 驚嘆
10 誇示
11 鈍感
12 歳月
13 迷彩
14 拍子
15 信仰

73 漢字の書き17

1 賄
2 鈴
3 暁
4 眺
5 傘
6 鎖
7 握
8 金遣 ×金使
9 偉
10 恵
11 金網

> **注意** 「網」の音読みは「モウ」。「網羅」などがある。「綱」と似ているので、まちがえないように注意。

12 峠
13 拒
14 刃物
15 棚

74 漢字の書き18

1 婚礼
2 吐息
3 祈念 ×記念
4 制御
5 大抵
6 条項
7 紛糾
8 矯正
9 洗濯
10 無恥

> **注意** 「厚顔無恥」とは、ずうずうしくて恥知らずなこと。「無知」とまちがえないように注意。

11 把握
12 丁寧
13 楽譜
14 賓客
15 嫡男

75 部首5

1 自
2 貝
3 麻
4 艹
5 亠
6 口
7 方
8 疒
9 力
10 亻
11 口
12 土
13 宀
14 虫
15 石
16 穴
17 土
18 頁
19 尸
20 言

76 部首6

1 夕
2 尸
3 夂
4 隹
5 罒
6 手
7 辶
8 頁
9 辛
10 糸
11 又
12 口
13 心
14 戸
15 冫
16 十
17 鹿
18 缶
19 斤
20 屮

77 同音・同訓異字 8

1 厚
2 稿
3 停
4 提
5 院
6 隠
7 騒
8 燥
9 推
10 酔
11 罪
12 財
13 淡
14 哀
15 漏

注意 「漏」の音読みは「ロウ」。「漏水」「漏電」などがある。

16 燃

78 同音・同訓異字 9

1 猛
2 網
3 壊
4 皆
5 盆
6 凡

注意 「凡」は「ハン」とも読み、「凡例」(読み方などの箇条書き)などと使う。

7 跡
8 責
9 鎖
10 差
11 踏
12 透
13 荒
14 洗
15 押
16 推

79 同音・同訓異字 10

1 奮
2 噴

注意 「噴」には「墳」「憤」など、よく似た字があるので注意する。

3 徴
4 跳
5 鋭
6 影
7 幾
8 喜
9 征
10 姓
11 歳
12 採
13 締
14 染
15 抜
16 脱

80 熟語の構成 5

1 エ
2 オ
3 ウ
4 イ
5 ア
6 イ
7 エ
8 ウ
9 ア
10 ウ
11 エ
12 ウ
13 ア
14 ウ
15 イ
16 オ
17 イ
18 ウ
19 ア
20 エ

81 熟語の構成 6

1 イ
2 ウ
3 ア
4 オ
5 イ
6 ウ
7 ア
8 エ
9 ア
10 エ
11 イ
12 ア
13 オ
14 ア
15 エ
16 ウ
17 ア
18 イ
19 エ
20 ウ

82 対義語・類義語 5

対義語

1 繁栄
2 発掘
3 愛護
4 乾燥
5 簡略
6 更生
7 濃縮
8 柔弱
9 高慢
10 違反

類義語

11 疑惑
12 逆襲
13 真心
14 黙殺
15 一族
16 固執
17 統一
18 冷淡
19 傾倒
20 列挙

83 対義語・類義語 6

対義語

1 詳細
2 忙中
3 拾得
4 沈殿
5 分割
6 過疎
7 老練
8 熱烈
9 黙秘
10 末節

類義語

11 感服
12 趣味
13 親密
14 尋常
15 備蓄
16 同輩
17 険悪
18 指標
19 永遠
20 切迫

84 四字熟語 9

問1

1 触
2 罰

注意 「信賞必罰」とは、賞罰を厳格に行うこと。

3 是
4 宿
5 致
6 羽
7 亡
8 快
9 内
10 鳴

問2

11 キ
12 ア
13 コ
14 ケ
15 ク

85 四字熟語10

問1
1 復
2 則

注意 「則天去私」とは、私心を捨て、身を天にゆだねて生きてゆくこと。

3 非
4 鼓
5 恥
6 落
7 猛
8 棒
9 達
10 薬

問2
11 エ
12 ク
13 キ
14 ア
15 カ

86 四字熟語11

問1
1 貫

注意 同じ意味の言葉で、「首尾一貫」がある。

2 腐
3 寂
4 谷
5 若
6 脱
7 劣
8 歴
9 矛
10 薄

問2
11 オ
12 キ
13 カ
14 ア
15 イ

87 四字熟語12

問1
1 丈

注意 「気炎万丈」とは、意気込みが他を圧倒するほど盛んであること。

2 深
3 夕
4 朽
5 怒
6 略
7 壁
8 奇
9 覧
10 我

問2
11 キ
12 コ
13 ケ
14 オ
15 ウ

88 誤字訂正8

1 依・偉
2 供・備
3 謡・踊
4 集・衆
5 格・較
6 惨・酸

注意 「辛酸」とは、つらく苦しい思いのこと。「辛酸をなめる」という言い方を覚えておこう。

7 症・床
8 映・影
9 点・添
10 渇・乾

注意 空気や物などがかわく場合は、「乾く」。のどがかわく場合は、「渇く」である。

89 誤字訂正9

1 競・狂
2 礼・麗
3 呼・鼓
4 勢・盛
5 客・却
6 脅・驚

注意 「驚異」は、驚くほどすばらしいこと。威力におびやかされて感じる恐ろしさの「脅威」もあわせて覚えよう。

7 旧・朽

注意 「朽」の訓読みは、「朽(く)ちる」。「くさる」「役に立たなくなる」の意味。

8 理・離
9 賀・雅
10 退・耐

90 誤字訂正10

1 伸・浸

注意 「浸透」は、風潮などが人々の間に行きわたること。「侵」と似ているので、まちがえないように注意。

2 暴・冒
3 悦・越
4 費・被
5 迫・薄
6 敬・恵
7 房・肪
8 酵・香
9 債・済
10 朗・露

注意 「露」の音読みは「ロ」であるが、「披露」では特別に「ロウ」と読むことに注意。

91 漢字と送りがな5

1 込める
2 刺さっ
3 巡る
4 偉ぶら
5 詰まる
6 傾く
7 余す
8 朽ちる
9 逃れる
10 隠れ
11 斜め
12 熟れる
13 盛んな
14 濁す
15 化かさ

注意 「化」の訓読みには、「化(ば)ける」「化(ば)かす」がある。

92 漢字と送りがな6

1 汚い
2 閉ざさ
3 伺う
4 震える
5 脱げる
6 詳しい
7 志し

注意 「志」は名詞の場合、一字で「こころざし」と読むが、ここでは動詞「志(こころざ)す」の連用形であることに注意。

8 描い
9 離れる
10 鮮やかな
11 大いに
12 誉れ
13 快く
14 連なる
15 著しい

実戦模擬テスト1

(一)

1 けんざい
2 ちかく
3 ざっきん
4 だみん
5 こうばく
6 ぼしゅん
7 しょうきゃく
8 せったく
9 じゅんしょく
10 へんれき
11 かんきゅう
12 じょじゅつ
13 まもう
14 ばっぽん
15 こうじょう
16 ゆうよ
17 きんこう
18 ちょうじ
19 ししゅく
20 せっかん
21 くちびる
22 はなお
23 いのちが
24 なかす
25 こ
26 あわ
27 えり
28 うけたまわ
29 おそれ
30 すけだち

(二)

1 刂
2 儿
3 山
4 香
5 木
6 犬
7 矢
8 戈
9 虍
10 彳

(三)

1 エ
2 イ
3 ウ
4 ア
5 ウ
6 ア
7 イ
8 オ
9 エ
10 ア

(四)

問1

1 寂
2 汚
3 観
4 隠
5 党
6 矛
7 恥
8 輩
9 笑
10 適

問2

11 コ
12 ケ
13 キ
14 オ
15 イ

(五)

1 警戒
2 勤勉
3 収縮
4 記憶
5 歓喜
6 適切
7 隷属
8 難儀
9 仰天
10 屈指

(六)

1 鑑
2 監
3 儀
4 疑
5 圏
6 遣
7 載
8 彩
9 強
10 占

(七)
1 刻・谷
2 働・導
3 充・柔
4 照・象
5 意・囲

(八)
1 兼ねる
2 踏まえ
3 報いる
4 蓄える
5 悩ましい

(九)
1 休暇
2 俗説
3 医療
4 釈放
5 健闘
6 発掘
7 鑑定
8 分割
9 迎合
10 感涙

11 免疫
12 渦中
13 把握
14 廃棄
15 紫外
16 端
17 舌触
18 珍
19 惑
20 浸
21 道幅
22 鉛色
23 白髪
24 畝
25 枠組

実戦模擬テスト 2

(一)
1 じょう
2 じしゅく
3 いんりつ
4 じんそく
5 さんか
6 ばんしゃく
7 ぎぜん
8 こうしょう
9 まもう
10 とうせき
11 きょうさ
12 かもく
13 しんてい
14 かっこ
15 しゅうたい
16 ちゆ
17 てきぎ
18 ていかん
19 かんよう
20 じゃっかん
21 こうむ
22 たつまき
23 しの
24 あま
25 た
26 こと
27 かろ
28 つい
29 か
30 かみふぶき

(二)
1 耒
2 戈
3 艹
4 弓
5 手
6 玄
7 石
8 尸
9 亠
10 儿

(三)
1 ア
2 ウ
3 エ
4 オ
5 イ
6 イ
7 ア
8 ウ
9 ア
10 エ

☆18

(四)

問1

1 汗
2 遅
3 雷
4 周
5 侵
6 躍
7 誇
8 夕
9 宇
10 怒

問2

11 ウ
12 ア
13 キ
14 ケ
15 カ

(五)

1 尊敬
2 凡才
3 貧困
4 設置
5 任命
6 根絶
7 歴然
8 運搬
9 根幹
10 堅固

(六)

1 盤
2 万
3 忙
4 肪
5 介
6 戒
7 到
8 桃
9 臨
10 望

(七)

1 律・率
2 速・即
3 偉・威
4 裂・劣
5 響・驚

(八)

1 避ける
2 隠れ
3 抜かし
4 和やかな
5 煙たく

(九)

1 噴出
2 奇抜
3 舞踊
4 乾杯
5 近隣
6 文豪
7 狂言
8 尽力
9 帽子
10 祈願
11 亜流
12 婚姻
13 誘拐
14 弾劾
15 端的
16 尾
17 訴
18 陰干
19 襲
20 攻
21 峠
22 朝露
23 意気地
24 垣根
25 戻

本書に関する最新情報は，当社ホームページにある本書の「サポート情報」をご覧ください。(開設していない場合もございます。)